Jörg Zipprick

Das kleine Küchenkabinett

Kurioses und Wissenswertes aus der kulinarischen Welt

UMSCHAU

Werter Leser,

mit Vorworten ist es so eine Sache: Man erwartet sie, um dann schnell die Seite zu überblättern und zum eigentlichen Inhalt des Buches vorzudringen. Ich halte das in aller Regel genauso. Nun sind Sie, lieber Leser, jedoch schon auf der dritten Zeile dieses Vorwortes angelangt, was mich befürchten lässt, dass Sie jetzt auf etwas besonders Geistreiches oder Bedeutungsvolles hoffen.

Stattdessen kann ich Ihnen nur erzählen, wie es zu diesem Buch kam: Es war am 29.10.1986, als ich erstmals meine Gabel in ein Störparfait mit Kaviar tauchte. Das Restaurant hieß *Zur Traube*, stand und steht immer noch im rheinischen Grevenbroich. Das war nicht nur das Amuse-Gueule zu meinem ersten Menü in einem Spitzenrestaurant, sondern auch der Moment, in dem ich begriff, dass es dort draußen noch anderes gab als Schnitzel, Bratwürste und Pommes – wobei ich inzwischen wieder wirklich gern gute Schnitzel, Bratwürste und Pommes esse.

Seitdem habe ich viele Restaurants besucht, war in einem französischen Restaurant namens *Bad Gastein* im russischen *Chelyabinsk*, genoss *Couscous* in einem Lokal namens Dar *El Jeld* in Tunis, habe in Mexiko Wirten beim Herstellen von Tortillas zugeschaut, aß Pizza in der Arthur Avenue in der New Yorker Bronx, saß in den Garküchen von Bangkok. Ich schaute Buttermachern im französischen Rennes und Hühnerzüchtern in der Bresse ebenso bei der Arbeit zu wie Kaviarfischern an der Donau, speiste mindestens zwei Mal bei allen großen Köchen der Grande Nation (ich meine die wirklich Großen, nicht die, die sich dafür ausgeben), befragte große Köche oder begleitete sie beim Aussuchen der Ware auf dem Fischmarkt, redete mit Küchen-Historikern wie dem französischen Sorbonne-Professor Alain Drouard, besuchte spezialisierte Buchhändler wie Henri-Pierre Millescamps in Périgueux. Parallel dazu begann vor einer Pariser Chocolaterie mein Abstieg zum Schokoholiker.

Ganz böse Zungen könnten jetzt anmerken, dass Störparfait halt die Einstiegsdroge war...

Über die Jahre habe ich dann begonnen, die Erzählungen, die Anekdoten und die Entdeckungen in der Literatur zu sammeln. Am meisten hat mich interessiert, was man eher selten in Kochbüchern liest: zum Beispiel, dass große Köche mit dem Zeichenstift und nicht am Herd kreieren, wie günstig große Weine noch in den 1960er-Jahren waren, dass die EU die als »Molekularküche« bekannt gewordene Stilrichtung finanziell unterstützt hat oder die kuriose mathematische Formel, mit der Kritiker Henri Gault vor über zwanzig Jahren das Preis-Leistungsverhältnis von Restaurants kalkulierte. Daraus entstand dieser kleine Band, in dem naturgemäß vieles aus meiner Sammlung noch fehlt: Über Italien habe ich bei weitem nicht genug erzählt, die verschiedenen Schnittmethoden von Metzgern hatten keinen Platz mehr. Ein paar Fakten, wie »die Liste der Restaurantkritiker, die in permanenten und gewinnorientierten Geschäftsbeziehungen zu Küchenchefs stehen«, hat mein Anwalt mir untersagt. Und über Fremdfette in Schokolade, wie vom europäischen Gesetzgeber erlaubt, wollte ich nicht schreiben, weil Aufregung schlecht für den Magen ist. Sie sehen: Hier ist noch Platz für eine Fortsetzung oder zwei. Ich hoffe jedenfalls fest, dass wir uns bei der Lektüre meines nächsten Vorworts wieder treffen!

J. Zipprick

Inhaltsverzeichnis

Das Geschmackserlebnis

»Ein großes Gericht muss uns zum Nachdenken anregen. Wer nicht denkt, mampft dumpf«, sagt der ehemalige Neurologe und jetzige Spitzenkoch Dr. Miguel Sanchez Romera. »Für mich gibt es zum einen die ›Küche der Erinnerung‹: Gerichte, die uns vertraut sind, die wir z. B. als Kinder genossen haben. Dann gibt es die ›Küche der Reflektion‹, kreative Küche mit nie gekannten Kombinationen, die unserem Hirn das Signal der ›Neuheit‹ vermittelt. Wenn ich beides kombiniere, ist die Wahrscheinlichkeit groß, dass ein Gericht gefällt: Das Erinnerungs-Element wird dem Gast eine wohlige Grundstimmung geben, das Reflektions-Element seine Neugier auslösen.« Mit anderen Worten: Tradition ist gut – besonders wenn man sie mit einem neuen Dreh serviert.

Und das ist keine rein banale Erkenntnis, laut Sanchez Romera beeinflusst das Essen weit mehr als unser physisches Wohlbefinden: »Jeder kennt das Phänomen, dass die Zeit mit zunehmendem Alter regelrecht verfliegt. Mit zunehmender Erfahrung schaltet unser Hirn mehr und mehr auf ›Autopilot‹, je öfter sich Routine einstellt, desto schneller vergeht subjektiv gesehen unser Leben. Neue Impulse und Situationen, die uns zum Nachdenken bringen, verlangsamen dieses subjektive Zeitempfinden. Auch wenn es **nur** ein Gericht ist.«

Schnelle Effekte hingegen sind dem Mediziner ein Gräuel: »Eiscreme vom Schweinsfuß mag ein Triumph der Küchentechnik sein«, meint er. »Aber niemand kann sagen, ob dieses Gericht gut oder schlecht ist, weil es keinen Vergleichsmaßstab gibt.«

»Wenn die Zeit der Kirschen wiederkehrt, werden die Schönen allerlei Verrücktheiten im Kopf haben und die Verliebten die Sonne im Herzen.«

Im Original: »Quand il reviendra le temps des cerises, les belles auront la folies en tête et les amoureux du soleil au coeur.«

Jean Baptiste Clement, le temps de cerises (Chanson)

Einige Tricks von Küchenprofis

Um **Anchovis** schneller zu entsalzen, die Fische kurz abwaschen und 10 Minuten in Weinessig legen.

Felskraken zusammen mit dem Korken einer Weinflasche garen, das macht ihn zarter.

Hummer die eine Schere verloren haben, sind günstiger im Einkauf. Damit sie während der Garung nicht an Fleisch verlieren, muss das Loch im Panzer mit Brot oder einer Kugel Alufolie gestopft werden.

Kirschen finden zu ihrem vollem Geschmack wenn man sie ca. 30 Sekunden unter Rühren mit Butter und etwas Grießzucker (sucre semoule) anbrät, ein Spritzer Balsamessig am Ende der Garzeit kann den Effekt abrunden.

Um Mark aus **Markknochen** zu entfernen, den Knochen zuerst mehrere Stunden im Kühlschrank wässern. Abtropfen lassen und einen kräftigen Hammerschlag versetzen, dadurch löst sich das Mark vom Knochen und kann anschließend mit dem Daumen herausgepresst werden.

Rotbarben nicht vollends von ihren Innereien befreien sondern zumindest die Leber vor der Garung wieder in den Fisch legen. So bekommt er mehr Aroma.

Schollen nur von einer Seite garen, Teller vorheizen und den Fisch mit der ungegarten Seite auf den Teller legen. So bleibt er saftig.

Filets von **Seezungen** können einfach mit vielen handelsüblichen Teigrädchen mit gerader Klinge von den Gräten getrennt werden: Zuerst außen anschneiden, dann das Rad über die Zentralgräte führen, schließlich das Teigrad entlang den Längsgräten führen.

Waldpilze bloß nicht in Essigwasser waschen, sondern den Sand zwischen den Lamellen lieber mit einem feuchten Pinsel entfernen.

Weinsaucen finden in Karottenpüree (gemixt und getrocknet) ein exzellentes Bindemittel.

Organisation einer klassischen Profiküche

1) Der Chef: Er kocht und kreiert nicht nur, sondern hat auch soziale und organisatorische Funktionen. Vom Erstellen der Menüs über die Errechnung der Kaufpreise bis zum Einstellen des Küchenpersonals, die Motivation des Teams, die Koordination der Brigade und ihrer Arbeitszeiten.

2) Second: Er vertritt den Chef in all seinen Funktionen. Viele bekannte Küchenchefs lassen dem Second freie Hand, während sie für die Presse posieren oder Gastspiele am anderen Ende der Welt wahrnehmen.

3) Die Chefs de Partie

3 a) Saucier ist zuständig für Fonds und Saucen – mit Ausnahme von Fischfumet und Hollandaise – sowie für Fleisch, das weder gegrillt noch gebraten wurde, auch zuständig für kleine Beilagen.

3 b) Garde Manger ist für die Vorräte, die Kühlschränke und die Lagerung zuständig, bereitet die Zutaten vor der Zubereitung vor, auch verantwortlich für kalte Gerichte.

3 c) Entremetier ist zuständig für Suppen, Eier, Gemüsegarung und warme Entrées.

3 d) Rôtisseur bereitet das Geflügel vor, ist für Gegrilltes, Frittiertes und Gebratenes zuständig, schneidet auch Kartoffeln für die Frittüre und bereitet Sauce béarnaise zu.

3 e) Poissonnier ist zuständig für Fische und Meeresfrüchte, die nicht gegrillt oder frittiert werden, macht Fischfumets, Sauce Hollandaise und Fischsaucen, ist auch für die Beilagen der Fische verantwortlich. In kleinen Brigaden übernimmt der Saucier seine Funktion.

3 f) Patissier ist verantwortlich für Süßspeisen, Sorbets, Petits Fours, aber auch für salzigen Teig, der in der Küche gebraucht werden kann.

3 g) Tournant oder Springer kann jeden beliebigen Chef de Partie-Posten einnehmen (z. B. bei krankheitsbedingtem Ausfall eines Mitglieds der Brigade).

3 h) Communard bereitet das Personalessen zu. Meist übernimmt der Rôtisseur diese Funktion.

4) Commis

geht den Chefs de Partie zur Hand.

5) Aboyeur: Nur noch in wenigen Brigaden gibt es den Aboyeur, der die Bestellungen entgegennimmt und den Köchen annonciert, pardon zuschreit.

CUISINE
CLASSIQUE.

Einige wenige Gerichte, die durch Zufälle entstanden

Tarte Tatin

Ein gestürzter Apfelkuchen aus der Auberge der Schwestern Tatin in Lamotte-Beuvron. Dort war angeblich ein guter Kuchen zu Boden gefallen. Zeit um neuen Teig anzurühren blieb nicht, die Schwestern sammelten die Reste auf und übergaben ihn – Äpfel unten, Teigseite oben – dem Ofen. Bevor *la tarte* dem Kunden serviert wurde, wendeten die Schwestern ihn noch einmal. Die Äpfel waren sichtbar, der Abend gerettet. Später erklärte die Familie, das Geheimnis des Rezepts läge in der Auswahl der Äpfel, die fest und süß sein müssten.

Pralinen

Der Graf von Plesses-Pralin belagerte Bordeaux, konnte aber die Festungsmauern nicht überwinden. Für die Friedensgespräche wurde ein Bankett organisiert, und zum Dessert gab es ein neuartiges Gericht: gebrannte Mandeln mit Zucker. Der Küchenchef hatte die Idee gehabt, als er sah, dass einer seiner Lehrlinge gleichzeitig Karamell und Mandeln in sich hineinfutterte. 1630 zog sich der Koch in das Dorf Montargis zurück, wo er mit seinen Pralinen ein kleines Vermögen verdiente.

Crêpes Suzette

Café de Paris, Monte Carlo im Januar 1896: Hochbetrieb an den Tischen, einem 16-jährigen Lehrling fällt die Aufgabe zu, Crêpes für den Prince of Wales zuzubereiten. Der junge Mann wird nervös, will das royale Publikum beeindrucken, greift zu allen Bouteillen, die sich im Servierwagen befinden. Die Hitze des Rechauds setzt einen Schuss Cognac in Brand, der Alkohol verpufft in einer ebenso spektakulären, wie im ursprünglichen Rezept unvorhergesehenen Explosion. »Was haben Sie mit den Crêpes gemacht«, fragt der erstaunte Prinz, »sie sind vorzüglich«. »Eine eigene Kreation«, meint der Lehrling mit neu gewonnenem Selbstbewusstsein, »ich wollte vorschlagen, ihr Euren Namen zu verleihen«. »Ich bin dessen nicht würdig«, sagt der Adlige, »benennen Sie sie nach meiner charmanten Begleiterin«. Suzette hieß die Dame. So erzählt von Henri Charpentier, dem ungeschickten Lehrling, der später doch noch ein großer Koch wurde. Andere schreiben das Rezept Escoffier zu, wieder andere meinen, genau dieselbe Anekdote hätte sich 1898 im Ritz ereignet. Aber der Prince of Wales und Suzette sind in allen Geschichten dabei.

Tournedos Rossini

Was haben Rinderfilet, Foie Gras, Trüffeln und Madeira mit dem Barbier von Sevilla gemeinsam?

Rossini natürlich!

Gioachino Rossini (1792–1868) war nicht nur Komponist, sondern auch bekennender Feinschmecker. Sein Wissen um die kulinarischen Künste wurde höchstens noch von seinen Kenntnissen über die richtigen Noten übertroffen. Und auch das ist Ansichtssache. Der Spruch eines Pasta-Händlers: »Wenn er so viel von Musik versteht wie von Makkaroni, dann muss er sehr gute Sachen schreiben«, brachte es bis in Rossini-Biographien, der Komponist selbst schrieb ausführlich und gern über das Essen: »Das, was die Liebe für das Herz ist, ist der Appetit für den Magen. Der Magen ist der Dirigent, der das große Orchester unserer Leidenschaften leitet.« Die Diners für Rossinis Freunde waren in ganz Paris geachtet, auch das Rezept mit Toast, Rind, Foie Gras und Trüffeln stammt von ihm selbst. In den siebziger Jahren wurden seine Tournedos dank Nouvelle Cuisine zum Kalauer der Küchen: Zu schwer, zu üppig, eben all das, was moderne Küche nicht sein sollte. Spott ist dennoch unangebracht: Zur Trüffelsaison kamen zu Rossinis Zeiten immer die besten Gänselebern auf den Markt. Auch Rind schmeckte zu Anfang des Winters, wenn die Kühe gestärkt waren vom Gras der Sommerwiesen, wesentlich besser als nach ein paar Monaten Heudiät. Tournedos Rossini waren damals also ein Gericht der Saison aus frischen, besten Zutaten wie jede Spezialität der ›neuen Küche‹.

Ente à l'Orange

Das Federvieh und die Zitrusfrucht fanden nur über geographische Umwege zueinander. Enten wurden im England des 15. Jh. gezüchtet, über Spanien kamen die Flügeltiere an den Hof von Sonnenkönig Ludwig XIV. Dort hatte der königliche Hofgärtner La Quintinie schon eine recht säuerliche Orangensorte gepflanzt. Das Urrezept wird dem legendären Antonin Carême (1784–1833) zugeschrieben. Zu Beginn des 19. Jh. ist die *Ente à l'Orange* schon auf dem Weg zum Klassiker: Der bekannte Koch Beauvilliers beschreibt sie, Gernesser Alexandre Dumas, Autor der drei Musketiere, nimmt sie in sein kulinarisches Lexikon auf. Der Grund für den schnellen Erfolg? Orangen waren rar und exotisch – *Ente à l'Orange* gewissermaßen das ›Fusion Food‹ der Vorväter.

Huhn Marengo

14. Juni 1800: Napoleon schlägt sich bei Marengo in Italien gegen die Österreicher. Letztere haben einen wichtigen Teilerfolg errungen. Der Nahrungsmittelkonvoi für das napoleonische Lager wurde abgefangen, während die Franzosen vor schwindenden Vorräten stehen, feiert das gegnerische Lager vielleicht schon mit Bresse-Geflügel und Bordeaux. Napoleon knurrt der Magen. Da kommt Dunan, Intendant Bonapartes und Küchenchef, die rettende Idee: Er teilt ein Huhn, brät es in Olivenöl statt in Butter, greift zu dem, was gerade noch in den Schränken lagert: Er brät die Eier mit Knoblauch und Tomaten, schüttet etwas Cognac hinzu, dekoriert das Ganze mit Krebsen. Schneller als ein gebratenes Huhn, genau das richtige für den großen Korsen.

Derart gestärkt, ging es den Österreichern an den Kragen. Trotz zahlenmäßiger Übermacht (u. a. 100 Kanonen und 5 000 Reiter gegen 2 000 berittene Franzosen und 15 Kanonen) gaben sich deren Truppen geschlagen, nachdem die Verstärkung und sicher auch neue Verpflegung unter Louis Charles Antoine Desaix de Voygoux anrückte. *Huhn Marengo* war geboren!

Le Croissant

Auch wenn die Nachwelt ihren Ursprung an die Seine verlagert hat, *Croissants* kommen ursprünglich aus Wien. Meinen zumindest die Franzosen.

Historiker André Castelot sieht einen Monsieur namens Kolschitsky als geistigen Vater des Knusperhörnchens. Jener aus dem fernen Polen stammende Herr hätte bei der türkischen Belagerung von Wien 1683 diverse Heldentaten vollbracht und erhielt als ewig währenden Dank der Stadt aus der Kriegsbeute einige Säcke Kaffee. Die – damals natürlich ungefilterte – braune Brühe erwies sich schnell als unverkäuflich. Um den ewigen Dank der Stadt in harte Währung zu verwandeln, soll Kolschitsky gleich mehrere Ideen gehabt haben, die Europas Küchengeschichte radikal veränderten: Er filterte und zuckerte den Kaffee, fügte auf Wunsch Sahne hinzu und servierte dazu Hörnchen, die er dem türkischen Halbmond nachempfunden hatte. So viele Einfälle, das ist fast schon zu genial um wahr zu sein: Andere Legenden berichten, dass die Wiener Bäcker 1683 bemerkten, wie Türken die Befestigungsanlagen untertunnelten und den Teigmond zum Gedenken an die eigene Großtat kreierten. In einem Punkt sind sich alle Geschichtenerzähler einig: Nicht die Pariser, sondern die Wiener bereicherten die Welt um das sprichwörtliche Duo *Croissant & Café*.

Carpaccio

Der junge Harry Pickering aus Boston zählte 1929 im *Hotel Europa* in Venedig zu den Stammgästen von Barkeeper Giuseppe. Begleitet von seiner Tante trank er sich über die Tage von oben bis unten durch die Karte. Nur am letzten Tag blickte Harry depressiv ins Glas. Wie jeder gute Barmann seiner Zeit war Giuseppe auch ein wenig Psychotherapeut, ohne Sofa, dafür aber mit Tresen. »Mr. Pickering, sind Sie krank?«, fragte er. Harry schüttelte den Kopf. »Mögen Sie meine Drinks nicht mehr? Haben Sie eine Bar gefunden, die Ihnen besser zusagt?« Harry verneinte, worauf es für einen Mann mit Giuseppes Lebenserfahrung nur noch eine Erklärung gab: »Sind Sie pleite? Wie viel brauchen sie?« »Ich muss das Hotel bezahlen, die Bar, die Fahrt nach Hause und einen letzten trockenen Martini«, berichtete Harry resigniert. 10 000 Lire brauchte er, damals ein kleines Vermögen. Giuseppe redete mit seiner Signorina und half dem jungen Amerikaner mit dem ehrlichen Gesicht, sich aus der misslichen Lage zu befreien. Zwei Jahre später marschierte Pickering wieder in die Bar des Europas, bestellte einen Drink und gab Giuseppe seine 10 000 Lire zurück. »Vielen Dank, hier ist das Geld. Und als Zeichen meiner Dankbarkeit weitere 40 000, genug um eine Bar zu öffnen. Wir sollten sie Harry's Bar nennen.«

Giuseppe ist der legendäre Giuseppe Cipriani und bei *Harry's* kam das *Carpaccio* zu seinem Namen. Weil das Rot des dünnen Fleisches den findigen Mann an das Rot der Werle des Renaissance-Malers Vittore Carpaccio (1455–1526, ebenfalls geboren in Venedig) erinnerte. Schon deshalb gibt es eigentlich weder Steinpilz- noch Thunfisch- noch Lachscarpaccio.

Ehe wir's vergessen: Angeblich war der Namensgeber der berühmten Bar samt Tante nach Venedig geschickt worden, um ein Alkoholproblem unter Kontrolle zu bekommen.

»Let me put this in perspective for you. The first Comte de Reynaud expelled all the radical Huguenots in this village. You and your truffles present a far lesser challenge.«

Alfred Molina als Comte de Reynaud in *Chocolat*

Die kuriose Küchengeschichte

400 000 v. Chr. Der Mensch verfügt über das Feuer – auch wenn er es noch nicht selbst entzünden kann. Ab und an steht nun Gegrilltes auf dem Speiseplan.

ab 11 000 v. Chr. Der Ackerbau setzt sich durch. Von Mesopotamien aus tritt der Olivenbaum seinen Siegeszug an.

9000-7000 v. Chr. Anfänge der Viehzucht

8500 v. Chr. In Südwestasien werden Getreide und Oliven angebaut.

7100 v. Chr. Erste nachgewiesene Weine in iranischen Tongefässen.

7000 v. Chr. Der Mensch lernt Brot zu backen.

3000 v. Chr. Im Gilgamesch-Epos wird das Bier erwähnt.

2800–1500 v. Chr. In Ägypten existieren bereits rund dreißig Brotsorten. Zusammen mit dem Bier war es ein Grundnahrungsmittel.

1500–400 v. Chr. Die Olmeken gelten als erste Schokogenießer. Eine rätselhafte Zivilisation, die einige gigantische Steinköpfe und wenige, kaum entzifferbare Hieroglyphen hinterlassen haben. In den Siedlungsgebieten der Olmeken jedenfalls findet man auch die Kakaopflanze, es gilt als höchst wahrscheinlich, dass die Olmeken die Kakaobohne kannten und nutzen.

ca. 450 v. Chr. Herodot erwähnt in den Historien auch das ägyptische Brot.

ca. 70 v. Chr. Fulvius Lupinus erfindet die Wildschwein- und Schneckenzucht. Lukullus wird für üppige Gastmähler bekannt und soll die Kirschen in Europa eingeführt haben.

52 v. Chr. Quintus Caecilius Metellus Pius Scipio Nasica lässt seine Gänse mit Feigen stopfen.

25–37 v. Chr. Lebenszeit des Marcus Gavus Apicius. Sein Werk ›De re coquinaria‹ gilt als das erste Kochbuch. Apicius hatte den Ruf eines verschwenderischen Feinschmeckers, der Schweine mit Feigen mästen ließ und von Flamingozungen schwärmte. Ein Originalexemplar der ›re coquinaria‹ ist nicht erhalten.

79 Als Pompeji unterging, gab es dort mindestens 33 Bäckereien. Natürlich wurde auch die Würzsauce *Garum* hergestellt.

250–900 Die Maya sind große Freunde trinkbarer *Schokolade.* Tontöpfe in Gräbern tragen die Hieroglyphe für *Kakao.* Kräuter und Gewürze, wie etwa Chilischoten, würzten die Schokolade. Das ›Popol Vuh‹ (Ratsbuch), die Bibel der Quiché-Mayas berichtet nicht nur von der Schöpfung des Menschen, sondern auch von der Schokolade. Kakao wird zu einem wichtigen Handelsgut und gehört zur Nahrung der Götter. Letztere freilich haben ihr eigenes Rezept: Die Maya-Götter pflegten ihren Kakao mit Menschenblut zu trinken. Genau wie später bei den Azteken dienen Kakaobohnen auch als Währung.

ab 800 Zahlreiche Abteien pflanzen eigene Rebstöcke und widmen sich der Weinherstellung.

803 Der Stiftskeller St. Peter in Salzburg wird erstmals urkundlich erwähnt. Es ist die älteste, noch existierende Gaststätte Europas.

1268 Das ›Livre de Métiers‹ von Etienne Boileau berichtet, dass Köche eine Lehrzeit von zwei Jahren absolvieren müssen.

1324 Das erste Kochbuch in katalanischer Sprache erscheint: ›Libre de sent sovi‹. Sein Schwerpunkt liegt auf Fischgerichten.

1380 Mit ›Le Viandier‹ aus der Feder von Guillaume Tirel, genannt Taillevent, erscheint das erste französische Kochbuch. Safran, Ingwer und Pfeffer werden im Übermaß verwendet.

1395 Philippe le Hardi, Herzog von Burgund, lässt in seiner Heimat die Gamay-Rebstöcke ausreißen und pflanzt stattdessen Pinot Noir.

1411 Karl VI. erteilt den Bürgern von Roquefort das Monopol auf die Herstellung des gleichnamigen Käses.

1423 Art Cisoria von Don Enrique de Villena erklärt u. a. die korrekte Art, Fleisch zu schneiden.

1502 Auf seiner Reise nach Guanaja kam Christoph Kolumbus als erster Europäer mit dem *Kakao* in Kontakt. Am 15. August 1502 traf der Admiral auf Maya-Händler, die in ihrem Kanu neben Wurzeln und Korn sowie einem Maiswein, der englischem Bier ähnelt, auch Mandeln, die als Währung dienen, an Bord hatten. Die europäischen Seeleute beobachteten verwundert, dass sich die Maya nach jeder heruntergefallenen Mandel bückten. Verkostet hat Kolumbus die Mandeln nicht.

1516 Das bayerische Reinheitsgebot für *Bier* tritt in Kraft. Jetzt steht fest: Gerstenmalz, Hopfen und Wasser gehören ins Bier.

1525 Das Libro de cozina von Ruperto de Nola gilt als erstes spanisches Kochbuch.

1545 Sir Walter Raleigh bringt die ersten *Kartoffeln* nach England.

1550 Laut offiziellen Dokumenten erhält Don Juan de Guzmán, ein Gouverneur in Mexiko »wöchentlich 700 Chilis und 700 Tomaten«.

1555 Zwei Syrer eröffnen ein Café in Konstantinopel. Das Getränk *Kaffee* rückt vor die Tore Europas.

1579 Englische Freibeuter verbrennen eine Schiffsladung voller Kakaobohnen, weil sie den dunklen Stoff mit Schafsmist verwechseln.

ca. 1600 Die Japaner schauen sich die *Tempura*-Herstellung bei Franziskanern aus Portugal und Jesuiten aus Spanien ab. Die wiederum hatten den eingebackenen Fisch lange vorher durch die Kreuzfahrer kennengelernt. Es handelt sich um eine der letzten Innovationen in der traditionellen japanischen Küche.

1651 François Pierre de la Varenne publiziert ›Le Cuisinier françois‹. Das Buch verbannt Gewürzexzesse (die 340 Jahre später wieder in Mode kommen) und süß-saure Aromen und widmet sich auch Gemüsen wie Spargel oder Blumenkohl. Das Buch markiert damit das Ende der mittelalterlichen Küche.

1654 In ›Les Délices de la campagne‹ erhebt Nicolas de Bonnefons die Forderung, dass der Eigengeschmack von Zutaten bei der Zubereitung erhalten bleiben soll. Er bezieht dies zunächst auf Kohl- und Lauchsuppen.

1668 Dom Pérignon wird Kellermeister in der Abtei von Hautvillers. Ihm wird (fälschlicherweise) die Entdeckung des Champagners zugeschrieben. Sprichwörtlich ist sein Ausspruch »Ich trinke Sterne«.

24.04.1671 Küchenchef François Vatel begeht Selbstmord aufgrund einer verspäteten Fischlieferung.

1678 La Quintinye legt bei Versailles den Gemüsegarten des Königs an und züchtet als erster Europäer Frühgemüse wie Spargel oder Erdbeeren.

ca. 1680 Auf Mauritius stirbt der letzte *Dodo*. Holländische Seeleute schätzten die ca. 12 Kilo schweren Vögel wegen ihres Wohlgeschmacks.

1689 Die türkische Armee vergisst nach einer misslungenen Belagerung vor Wien ihren Kaffee. Das dunkle Gebräu tritt seinen Siegeszug durch Europa an.

1720 In Venedig eröffnet mit dem Florian das erste Café. Das Quadri folgt fünf Jahre später auf dem Markusplatz.

1725 In Madrid eröffnet das Botin, laut ›Guiness Book of Records‹ Europas erstes Restaurant. Das Wort *Restaurant* tauchte jedoch erst vierzig Jahre später auf.

1738 In Preußen beginnt der *Kartoffelanbau* in großem Stil. Die Knollen waren zuvor schon in Lancashire, Sachsen und Schottland gepflanzt worden. Frankreich muss warten, bis ein gewisser Parmentier die Kartoffel in preußischer Knastkost entdeckt (ca. 1770, Anbau ab ca. 1785).

1739 Die ›nouvelle cuisine‹ wird erfunden! Oder zumindest von Menon in seinem Buch ›Le nouveau traité de cuisine‹ proklamiert.

06.08.1762 John Montagu, Earl of Sandwich, weigert sich während einer Glückssträhne in einem Londoner Club, den Spieltisch zu verlassen. Er ordert zwei Scheiben Roastbeef mit Mayonnaise und Meerrettich in Weißbrot – das erste *Sandwich.*

1765 In einer alten Mühle in Amerika wird Schokolade das erste Mal maschinell verarbeitet. Nach seinem Gründer heißt das neue Unternehmen zunächst ›Hannon's best Chocolate‹.

1765 Monsieur Boulanger gründet das erste Restaurant in der Pariser Rue Pouliès.

1774 Gerüchte umgeben den Tod von Papst Clemens XIV. Jesuiten sollen ihn mit einer Schale vergifteter Schokolade umgebracht haben.

1795 Der Franzose Nicolas Appert erfindet die *Konservendose* bzw. die Konservierungstechnik der Appertisation. Seine ersten Ateliers liegen in Ivry. Besonders die Marine zeigt sich an der Erfindung interessiert.

1786 Das Restaurant der Frères Provencaux öffnet in Paris in der Rue Hélvetius (heute Rue Sainte Anne). Mit den Bauern- und Fischergerichten des Südens (Bouillabaisse, Brandade) ist es schnell erfolgreich.

1802 Franz Karl Achard eröffnet die erste Rübenzuckerfabrik.

1803–1812 Der ›Almanach des gourmands‹ des Juristen Alexandre Balthazar Laurent Grimod de la Reynière ist der erste *Gourmet-Guide.*

1815 Der große Koche Antonin Carême veröffentlicht ›Le patissier royal‹, das erste von acht Standardwerken. Der ehemalige Leibkoch Talleyrands steht jetzt in Diensten von Zar Alexander I.

ca. 1816 Der spanische Bankier Alejandro Aguado kauft das Bordeleser Château Margaux. Aguado ist auch Mäzen von Rossini und lässt seinen Schützling eine Zarzuela (komische Oper) gleichen Namens schreiben.

1825 Wenige Monate vor seinem Tod erscheint Jean-Anthelme Brillat-Savarins ›Physiologie des Geschmacks‹. Brillat-Savarin hatte das Werk anonym veröffentlicht. Zum ersten Mal wurde die Gastronomie mit den Augen der Wissenschaft betrachtet.

1830 Der Pariser Juwelier Charles Christofle gründet eine Silberwarenfabrik.

1838 Carl Heinrich Theodor Knorr gründet sein Unternehmen in Heilbronn und beginnt mit der Produktion eines erfolgreichen *Zichorienkaffees.*

1843 Der Frankfurter Heinrich Nestle erwirbt eine Mühle und eine Destillerie im Schweizer Dörfchen Vevey und legt damit den Grundstock für ein Firmenimperium.

1845 Das ›praktische Kochbuch‹ von Henriette Davidis erscheint. Das erfolgreichste deutsche Kochbuch mit zahllosen Sonderausgaben ist immer noch erhältlich.

1847 Das britische Unternehmen Joseph Fry & Son erfindet den *Schokoriegel* und stellt ihn zwei Jahre später auf einer Messe im englischen Birmingham vor. Anstelle von Wasser wurde die Schokolade mit Kakaobutter vermengt, die Masse konnte fortan in Formen gegossen werden.
Ob Fry & Son der einzige Erfinder der festen Schokolade war, ist stark umstritten, als Hoflieferant der Royal Navy hatte das Unternehmen freilich einen Wettbewerbsvorteil.

1852 Der Darmstädter Justus von Liebig entwickelt ein *Fleischinfusum*, Vorläufer des Fleischextrakts.

1853 George Crum, Küchenchef des Moon's Lake House in Saratoga Springs, New York, erfindet den *Kartoffelchip* nachdem sich ein Kunde beschwert hatte, seine Pommes Frittes wären zu dick geraten. Crum war übrigens indianischen Ursprungs.

1855 Das ›Syndicat des courtiers en Vins de Bordeaux‹ klassifiziert die Médoc-Weine in Qualitätsstufen. Trotz Reblauskrise und zahllosen Besitzerwechseln wurde diese Klassifizierung nur einmal, 1973, erneut angetastet.

1863 Beginn der *Reblauskrise*. Allein in Frankreich müssen in den kommenden Jahrzehnten 2,5 Millionen Hektar Weinberge gerodet werden. Die Reblaus tritt zuerst in Pujaut im Départemand Gard sowie in einem Gewächshaus in Hammersmith bei London auf. Zwei Jahre später ist Portugal infiziert, 1871 hat die Reblaus die Schweiz erreicht, wieder zwei Jahre später gibt es einen Ausbruch in Kalifornien. Deutschland, Österreich, Italien, Spanien, Südafrika und Algerien sowie Marokko folgen.

1869 Henry John Heinz beginnt mit dem Verkauf von Essig und Würzmischungen. Seine Eltern sollen aus Kallstadt in der Pfalz stammen.

1869 Edmund McIlhenny aus Avery-Island, Louisiana, verkauft 658 Flaschen seiner hausgemachten *Tabasco*-Sauce für ein Dollar pro Stück.

1869 Hippolyte Mège-Mouriès, Apotheker aus dem französischen Draguignan, lässt die *Margarine* patentieren.

1873 Knorr verkauft die ersten *Trockensuppen*.

1874 Dr. Wilhelm Haarmann und Ferdinand Tiemann synthetisieren erstmals *Vanillin* aus dem Rindensaft von Fichten.

1874 Auf dem französischen Mont St. Michel serviert Mutter Poulard erstmals ihr legendäres *Omelett*.

1879 Rodolphe Lindt erfindet die sogenannte ›Conche‹. Dafür wird Schokolade gerührt und auf 76–78 °C erwärmt. Dieser Prozess entzieht der Masse Fett und Feuchtigkeit, unerwünschte Aromastoffe entweichen, die Schokolade wird zarter.

1884 Der Schweizer Julius Maggi bringt das erste Leguminosenmehl auf den Markt. Sein Ziel: Ein preiswertes, nährstoffreiches Nahrungsmittel zu entwickeln, das die arbeitende Bevölkerung günstig und gesund ernährt.

1884 Der große Koch Auguste Escoffier gründet das Magazin L'Art Culinaire. Er ist Küchenchef im Grand Hôtel in Monte-Carlo.

1884 Nach der Reblauskrise werden Frankreichs Rebflächen mit kalifornischen Rebstöcken neu bepflanzt.

1886 Die Kolonialwarenhandlung Fauchon öffnet in Paris.

1886 Marius Morard veröffentlicht das Standardwerk ›Les secrets de la cuisine provençale‹ (Geheimnisse der provenzalischen Küche).

1886 Josephine Garis Cochrane aus Shelbyville, Illinois, erfindet die *Geschirrspülmaschine.*

1886 Die Prohibition zwingt John Stith Pemberton, Apotheker aus Atlanta, den Wein in seiner French Wine Coca durch Zuckersirup zu ersetzen. Das neue Getränk heißt *Coca Cola.* Vorbild für French Wine Coca war der korsische Vin Mariani.

1889 Raffaele Esposito erfindet die *Pizza Margherita* um die gleichnamige Königin zu ehren: Die Gattin Umbert I. von Savoien bekam Mozzarella, Basilikum und Tomaten auf den Teigfladen – die italienischen Nationalfarben.

1890 Auguste Escoffier dirigiert die Küchen des Londoner *Savoy.* Cäsar Ritz heißt der Generaldirektor des Hotels. Es entstehen Gerichte wie *Nymphenschenkel Aurora* und *Pfirsich Melba.*

1893 Der Apotheker Caleb Bradham in New Bern, North Carolina, bringt Brad's Drink auf den Markt. Fünf Jahre später heißt das Getränk *Pepsi Cola*. Angeblich empfahl Bradham seinen Drink anfangs gegen Magenschmerzen.

1895 ›La Cuisinière provençale‹, ein Standardwerk zur provenzalischen Küche des Küchenchefs Reboul erscheint.

1898 Cäsar Ritz eröffnet das Ritz in Paris. Sein Küchenchef ist Auguste Escoffier. Das Londoner *Ritz* folgt 1905.

1900 Das amerikanische Unternehmen Hills Bros bietet erstmals vakuumverpackten Kaffee an.

1900 Der erste ›Guide Michelin‹ wird gratis ausgegeben. Ohne Sterne aber mit Adressen von Tankstellen, Werkstätten und Hotels für die Pioniere des automobilen Zeitalters.

1900 Maggi führt den Suppenwürfel ein. Der Soßenwürfel folgt fünf Jahre später, der Fleischbrühwürfel folgt 1908. *Maggis* Brühwürfel sind etwa dreißig Mal günstiger als ein Kilo Suppenfleisch.

1903 Nathaniel Newnham-Davis und Algernon Bastard erklären im ›Gourmet's Guide to Europe‹ »Paris ist das kulinarische Zentrum der Welt«, beklagen aber schon damals die übertriebene Reputation manchen Klassikers. Barcelona wird zur Restaurant-Hauptstadt von Spanien ernannt. Der Guide listet epische Beschreibungen von Lokalen und ganze Speisekarten. Empfohlen werden u. a. das *Lucas* in Paris (jetzt: *Senderens*), das *Justin* in Barcelona, *Pfordtes Restaurant* in Hamburg, *Schaurte* und *Borchardt* in Berlin, *Capitani* in Florenz, das Restaurant *Ermitage* in Moskau und das *Capsa* in *Bukarest*. Bemängelt wurde die mediokre Küche in Berlin.

1904 Escoffier gestaltet die Küchen für die Schiffe der deutschen Reederei Hamburg-Amerika-Lines. Zwei Jahre später, am 19. Februar 1906, trifft er an Bord der Amerika Kaiser Wilhelm II.

1911 Ethel und Frank Mars verkaufen hausgemachte Süßigkeiten aus ihrer Küche in Tacoma, Washington. 1920 kommt ihnen die Idee, ihre Biskuits mit Schokolade zu überziehen, damit man sie überall genießen kann. *Mars* und *Milky Way*-Schokoriegel entstehen.

1919 In Frankreich entsteht das erste Gesetz über die *Appellations d'origine* (AOC), das Qualität von Weinen und Lebensmitteln regeln soll.

13.12.1920 Die Firma ›Haribo‹ wird ins Bonner Handelsregister eingetragen. Haribo steht für Hans Riegel Bonn. Zwei Jahre später kommen die ersten *Gummibärchen* auf den Markt.

1921 Mit White Castle entsteht die erste Kette von Hamburger-Lokalen in Wichita, Kansas. Gründer sind der Koch Walter Anderson und der Makler Edgar Waldo Ingram.

10.09.1923 Die Familie Point übernimmt ein Restaurant in Vienne. Zwei Jahre später wird Sohn Fernand die Küche übernehmen. Point heiratet 1930 die Friseuse Marie-Louise, genannt Mado, und wird in seiner Pyramide zum Ausbilder zahlreicher großer Köche.

1926 André Michelin beschließt, empfehlenswerte Restaurants in seinem Guide mit einem *Sternchen* auszuzeichnen.

1930 Der 24-jährige Zino Davidoff richtet im Geschäft seines Vaters in Genf den ersten Zigarrenkeller in Europa ein.

1933 Zum ersten Mal verleiht der ›Guide Michelin‹ seine drei Sterne. Unter den 23 ausgezeichneten Köchen sind André Pic, Alexandre Dumaine und Fernand Point. Eugénie Brazier bekommt sechs Sterne für ihre zwei Restaurants in Lyon in der Rue Royale und auf dem Col de la Luère.

1940 Richard und Maurice Mac McDonald eröffnen in San Bernardino, Kalifornien den ersten *McDonald's*. Inspiriert von den Fertigungsmethoden des Automobilbauers Henry Ford bauen die Brüder acht Jahre später ihr *Barbecue Drive-In* um: Statt erst nach der Bestellung werden Hamburger und Fritten permanent zubereitet, Kunden können daher sofort serviert werden. Richard nennt die Arbeitsweise *Fast Food*.

1942 Joe Sheridan serviert den ersten *Irish Coffee* auf dem irischen Foynes Airport. Der Name entstand, als ein amerikanischer Passagier den mit Whisky versetzten Kaffee mit der Frage kommentierte »Is this Brazilian coffee?«, »No«, sagte Joe, »That's Irish Coffee.«

1944 Die alliierten Truppen landen mit einer Sonderausgabe des ›Guide Michelin‹ in der Normandie. Dessen Stadtpläne und Karten sollen den Soldaten die Orientierung in Frankreich erleichtern.

1945 Das Rüstungsunternehmen Raytheon lässt den ersten Mikrowellenherd patentieren. Zwei Jahre später gab es das erste funktionsfähige Exemplar: Den 340 Kilo schweren Radarange. Entdeckt wurde die Technologie, als ein militärischer Mikrowellen-Radar einen Schokoriegel in der Tasche von Ingenieur Percy Spencer schmelzen ließ.

1948 Raymond Oliver übernimmt das Lokal *Le Grand Véfour* unter den Arkaden des Pariser *Palais Royal*. Er wird nicht nur ein großer Koch, sondern ab 1957 auch einer der ersten Fernsehköche: ›Art et Magie de la cuisine‹ hieß seine Sendung.

1950 Guiseppe Cipriani erfindet das *Carpaccio*.

1954 Jim McLamore und David Edgerton eröffnen den ersten *Burger King* in Miami, Florida.

1958 Frank und Dan Karney eröffnen in Wichita, Kansas, den ersten *Pizza Hut*.

1958 Enric Bernat eröffnet die Süßwarenfabrik Chupa-Chups. Vor hundert Jahren hat schon sein Großvater väterlicherseits in Barcelona Süßwaren hergestellt.

1962 Der erste Guide von Henri Gault und Christian Millau erscheint. Damals hieß das Buch noch ›Guide Juillard‹. In sechs Monaten sollen sich 100 000 Exemplare verkauft haben.

1965 Michel Guérard eröffnet das Restaurant Le Pot au feu in Asnières, einem Pariser Vorort. Der Gründervater der Nouvelle Cuisine zieht 1972 in den fanzösischen Südwesten um.

1965 Paul Bocuse wird mit drei Sternen asgezeichnet.

1965 Der Schweizer Frédy Girardet übernimmt das bescheidene Restaurant seines Vaters in Crissier bei Lausanne. Zwanzig Jahre später wird er als einer der zwei oder drei weltbesten Köche gesehen.

1966 Im Pariser Lokal Le Duc wird erstmals in Paris *Tatar* vom rohen Fisch aufgetischt.

1966 Im Alter von 21 Jahren übernimmt der spätere Spitzenkoch Juan Mari Arzak das Restaurant seiner Eltern in San Sebastian-Donostia (Spanien).

1967 Das deutsche Ehepaar Schilling gründet im spanischen Rosas das später legendäre Restaurant El Bulli. Vorher diente ihnen das *Bulli* als Minigolfplatz und Bar. Ab 1975 wird es von Jean-Louis Neichel nach oben gekocht. Ferran Adrià hat hier 1983 seinen ersten Küchenposten.

1968 Alain Senderens eröffnet das *Archestrate* in Paris und nutzt als einer der ersten Spitzenköche *Filo*-Teig und chinesischen Nudelteig. Zu den ersten Gerichten zählen Hasenklöße nach römischem Vorbild.

1970 Der Franzose Jean Delaveyne gart als erster großer Koch der Neuzeit mit niedrigen Temperaturen. Sein Lachs wird in der Tieflkühltruhe gegart und von einer Ingwercreme begleitet. Flüssigen Stickstoff benötigte er nicht.

1971 Eckart Witzigmann wird Küchenchef im Münchener Tantris. Acht Jahre später wird er als dritter Koch außerhalb Frankreichs im eigenen Lokal Aubergine mit drei Sternen ausgezeichnet.

1972 Als erstes Restaurant außerhalb Frankreichs wird die Brüsseler Villa Lorraine mit drei Sternen ausgezeichnet.

1973 Zum ersten und einzigen Mal wird die Klassifizierung der Médoc-Weine von 1855 geändert: Mouton-Rothschild steigt in den Rang eines ›Premier grand cru classé‹ auf.

1973 In Nummer 54 des französischen ›Gault-Millau Magazins‹ erscheinen die zehn Gebote der Nouvelle Cuisine.

1974 Küchencheef Georges Pralus kombiniert die amerikanische Technik der Vakuumverpackung mit der frz. Garmethode in einer Verpackung (»en papillotte, in der Schweinsblase«). Den Brüdern Troisgros zeigt er, wie man Foie Gras ohne Gewichtsverlust bei niedrigen Temperaturen gart. Das Verfahren wird als ›sous-vide‹ bekannt.

1976 Der Franzose Michel Guérard berät als erster großer Koch einen Nahrungsmittelkonzern und bringt eigene Produktlinien auf den Markt.

1982 Der Bretone Olivier Roellinger, gelernter Chemiker, eröffnet in seinem Elternhaus ein Restaurant. Schon im ersten Jahr experimentiert er mit seinem späteren Klassiker ›Rückkehr aus Indien‹ (Eine Gewürzmischung mit Gewürznelken, Koriander, Zimt u.v.a.m.).

1982 Michel Bras aus Laguiole erfindet den innen flüssigen, außen festen Schokokuchen. Das Geheimnis: Sein Schokoladenherz ist tiefgefroren, der Biskuitteig wird darum herum gegossen. Nach einem neuen Kühlgang folgen 20 Minuten im Ofen.

1984 Richard McDonald serviert persönlich den 50-milliardensten McD-Burger.

1984 Joël Robuchon wird mit drei Sternen ausgezeichnet. Sein Pariser Restaurant *Jamin* übernahm er erst 1981.

1992 Yves Camdeborde eröffnet das erste Néo-Bistrot in Paris. Das Erfolgsgeheimnis: Ländliche Gerichte zu kleinen Preisen mit einer Prise Haute-Cuisine auf den Tisch bringen. Ein Menü kostet 150 Francs.

1995 Mit Pierre Gagnaire im französischen Saint Etienne muss erstmals ein Drei-Sterne-Restaurant Konkurs anmelden.

13.08.1996 Alain Ducasse übernimmt das Pariser Lokal des Spitzenkochs Joël Robuchon und führt damit zwei Top-Lokale mit Bestnoten in allen Guides.

2000 Alain Ducasse leitet ein weiteres Top-Lokal im New Yorker Essex House, das nach sehr schwierigen Anfängen überschwenglich gelobt wird. Es schließt Anfang 2007.

2004 Ferran Adrià erscheint auf dem Cover des ›Time Magazine‹ als eine der 100 einflussreichsten Persönlichkeiten des Jahres. Der erste Cover-Koch von Time ist er nicht, das war Michel Guérard.

2006 Frédéric Bau erfindet für das französische Unternehmen Valrhona Xocopili, eine tiefdunkle Schokolade mit Piment, Kardamom, Paprika und anderen Gewürzen. Vom Rezept her scheint es ein wenig den Schokoladen der Mayas zu ähneln.

2007 Alain Ducasse erweitert sein Imperium um das Restaurant Adour in New York, das Restaurant Jules Verne im Eiffelturm und ein Lokal im Londoner Stadtteil Dorchester. Seine Gruppe macht nach Unternehmensangaben 100 Millionen Euro Umsatz.

»Die pommes à l'huile waren fest und gut mariniert und das Olivenöl köstlich. Ich zermahlte etwas schwarzen Pfeffer über den Kartoffeln und tunkte das Brot in das Olivenöl.«

Ernest Hemingway, Paris – ein Fest fürs Leben

La Baguette

Ein schnauzbärtiger Monsieur, der, beschirmt von einer Baskenmütze, mit zwei *Baguettes* unterm Arm schleppenden Schrittes heimgeht – so sieht man Pariser im Ausland am liebsten. Die stangenförmigen Weißbrote gelten als Grundnahrungsmittel. Damit auch ärmere Franzosen zu ihrem täglich Brot kommen konnten, war der Preis früher gesetzlich reglementiert. Doch Verbrauch und Qualität gehen zurück: Genoss der Durchschnittsfranzose noch um die Jahrhundertwende ca. 900 Gramm *Baguette* pro Tag, sind es heute noch schlappe 160 Gramm, das meiste davon tiefgefroren und aufgebacken. Wer gutes *Baguette* sucht, sollte zunächst auf eine karamelartige Farbe achten. Strohgelbe Stangen mit kleinen Pünktchen auf der Unterseite stammen aus der Fabrik. Das Innere, *mie* genannt, ist cremeweiß und verfügt über unregelmäßige Löcher. Frisch und ganz leicht feucht, manchmal sogar einen Hauch nussig schmeckt echtes Baguette. Die Produkte der Industrie-Konkurrenz hingegen könnte man in einem Blindtest auch für Dachpappe halten.

Das erste Restaurant

Sicher, irgendwo bekam man immer etwas zu essen, seit es Menschen gibt. Im Louvre etwa bekommt man die steinerne Speisekarte eines ägyptischen Restaurants aus Pharaonenzeiten zu sehen und die Auswahl scheint gar nicht mal schlecht. Nur in Mitteleuropa fing die Geschichte des Restaurants eher bescheiden an. Gekocht wurde bei Hofe, wie etwa bei den Medicis, die große italienische Köche nach Paris kommen ließen und damit der französischen Cuisine zu ungeahntem Aufschwung verhalfen. Für das Volk gab es Herbergen mit Tagesgerichten und Tavernen mit Alkoholausschank. Erst 1765 eröffnete in der Rue des Poulies (heute Rue du Louvre) das eigenartige Lokal eines gewissen Monsieur Boulanger. Dort wurde ›Restaurat‹, eine sättigende Fleischbrühe, serviert: Drei Rebhühner, zwei Kapaune, dazu etwas Kalb- und Hammelfleisch wanderten dafür in einen Topf und köchelten einen halben Tag vor sich hin. Diese Brühe bot Boulanger zusammen mit einigen anderen Speisen seinen Kunden an. »Kommt alle, ich werde euch ›restaurieren‹«, lautete sein ›Werbeslogan‹. Der schnelle Erfolg seines Lokals stieg dem ersten Restaurateur bald zu Kopf: Boulanger ließ sich von einer Droschke chauffieren, kleidete sich als Grandseigneur und frequentierte nur noch die große Gesellschaft. Ein ganz ähnlicher Effekt lässt sich übrigens heute noch bei manchen jungen Pariser Köchen nach Verleihung diverser gastronomischer Auszeichnungen beobachten.

Ein Menü bei Olivier Roellinger

Les Maisons de Bricourt, Cancale

Kleine Krevetten (bouquets royaux) mariniert in Malz
Seezungen und Muscheln in Zitrusemulsion mit »Pfeffern der Welt«
Kohl, warme Austern, Ingwer und gegrillte Leinsamen
Hummer in Sherry und Kakao nach einer Anregung aus dem 19. Jahrhundert
Kleine Rotbarben und Artischocken mit einem Spritzer Tafia
Steinbutt mit Mandeln, Mohn und Sesam, confierten Pampelmusen und Sprossen aus eigener Zucht
Dessert
serviert im September 2003 zu 138 Euro

Roellinger wird oft als Gewürzkoch bezeichnet. Das tut ihm Unrecht: Er ist der Großmeister sensibler Fischzubereitungen. Keinerlei intensiver Gewürzeinsatz, dafür aber sanfte Aromenspiele: die Spur Malz zu den Crevetten, der gegrillte Leinsamen zur Auster. Und beim Hummer bleibt es dem Gast überlassen, das Krustentier nach seinem Geschmack mit der sanften Kakaowürze anzureichern.

Ein Menü bei Santi Santamaria

Can Fabes, Sant Celoni, Spanien

Panna Cotta vom Hummer mit Hummertatar und Ingwereis
Angulas (Glasaale) mit Knoblauch, Petersilie und chinesischen Fadennudeln
Erbsen auf festem Erbspüree mit Erbsblüten · Zwiebelküchlein mit geräucherter Makrele
Kaisergranat mit Gnocchis und schwarzen Trüffeln
Grüner Spargel mit Kaviar und Petoncles
Kabeljau auf seinen Innereien mit Trüffeln · Foie Gras in der Salzkruste
Schokokrapfen · Mascarponeeis mit Blutorangen
serviert am 28. März 2007 zu 185 Euro

Santi Santamaria verfügt über ein untrügliches Gefühl für das rechte Maß. Er wählt, auch im Vergleich zu anderen Spitzenköchen, die weitaus besten Grundzutaten aus. Seine Fische werden in Blanès an Land gezogen, die Erbsen stammen vom Bauern nebenan. Laut Santi »eines der besten ›Microterroirs‹ für dieses Gemüse« – und der Beweis, dass man auch mit Simplem Großes bewirken kann.

Belle Epoque Gourmande

Früher war bekanntlich alles besser: ›La Belle Epoque‹, frei übersetzt: die Schöne Zeit, heißen die Jahre von 1890 bis 1914, deren feierfreudige Zeitgenossen den Restaurants der französischen Kapitale eine Blütezeit bescherte: Maxim's, Le Train bleu, Lucas, Ledoyen, Fouquet's, La Grande Cascade, Le Pré Catalan – da traf man sich auf eine Bouteille de Champagne oder mehr. Was damals auf die Tische kam, ist bei den Essern von heute so in Vergessenheit geraten wie die überaus beliebten Belle Epoque-Lokale Larue, Chez Durant und Weber. Um die Jahrhundertwende musste es Fleisch sein. Fleisch unterschied Reiche von Armen, denn erstere aßen es täglich, letztere nur einmal pro Woche. Ein gewisser Protopopoff, seines Zeichens Wodka-Fabrikant, konnte während eines Abends im Maxim's problemlos eine Côte de Boeuf von vier Kilo vertilgen. Bananen eroberten langsam die Desserttische, Endivien gesellten sich zum Salat. Und die Haute Cuisine dieser Zeit? Ins Überflüssige verliebt wie die Innenarchitektur. Ein gutes Beispiel ist die Seezunge Albert aus dem Maxim's: Brotkrumen erstrecken sich über den Seezungenleib, der auf einem Bett aus Schalotten und Kräutern ruht. Bestens mit Wermut angefeuchtet wird das Ganze gratiniert, warm gehalten, bis sich der Wermut fast verflüchtigt. Anschließend die Rückstände mit reichlich Butter zur Sauce aufmontieren. Nichts für Kalorienbewusste also und Leute, die nach dem Essen noch arbeiten möchten, was uns zeigt, dass früher, zumindest nach heutigen Maßstäben, doch nicht alles besser war.

Umgangston und Sitten in Profiküchen

Der Ton in Profiküchen gilt als rau, einige Herdmeister berichten sogar von Prügeln, Händen, die vom Meister auf die Herdplatte gepresst werden, und übelsten Beschimpfungen. Aber nur ganz selten gelangt Konkretes an die Öffentlichkeit: Ghislaine Arabian, in den 1990er-Jahren als Frankreichs beste Köchin gehandelt, ließ sich stolz vom Fernsehsender M6 dabei filmen, wie sie lautstark ihre Mitarbeiter im Pariser Lokal Ledoyen beschimpfte. Wenig später verlor sie ihren Chefposten.

Spitzenkoch Marc Veyrat aus Annecy wurde 2004 von der ›Chambre sociale‹ des Berufungsgericht Chambéry zur Zahlung von 250 000 Euro an seine Wäscherin Anna Lambersend, damals 65, verurteilt. Veyrat hatte die Dame, die seit ihrem 17. Lebensjahr in den Diensten der Familie stand, 1999 entlassen. Vor Gericht wurde festgestellt, dass Frau Lambersend im Schnitt 67 Stunden 30 Minuten pro Woche arbeitete und dafür gegen Ende ihrer Laufbahn ein Gehalt von 885 Euro Netto im Monat erhielt.

Menü während der Pariser Belagerung

Hundeconsommé
Hundeleberspießchen Maître d'Hôtel
Geschnetzelter Katzenrücken mit Mayonnaise
Hundeschulter mit Tomatensauce
Katzenragout mit Pilzen
Hundekoteletts mit Erbsen
Rattenragout à la Robert
Hundeschenkel mit jungen Ratten
Salate
Begonie im Jus

serviert am 4. Dezember 1870

Musik im Restaurant: Beethoven schlägt Britney

»Wer beim Bestellen im Restaurant mit Musik berieselt wird, ist spendabler«, behauptet zumindest Adrian North, Psychologieprofessor an der Universität von Leicester in Großbritannien. Seine These überprüfte North 2003 in einem Restaurant in Market Bosworth: Während der ersten Woche spielte er Beethoven bis Bach – die Kunden gaben durchschnittlich 25 Pfund Sterling für ein Menü aus. In der zweiten Woche ließ North die Gäste von Britney Spears unterhalten. Prompt fiel der Umsatz pro Kunde auf 22 Pfund – obwohl der Versuch zu einer Zeit stattfand, als Frau Spears sich noch nicht den Schädel kahl geschoren hatte. Doch es geht noch schlimmer: In der dritten Woche wurde das Lokal zur musikfreien Zone. Prompt bestellten die Gäste Gerichte für durchschnittlich 21 Pfund pro Person. »Klassische Musik wird in unseren Köpfen mit vielen Dingen verknüpft«, behauptet North. »Wir fühlen uns raffinierter, schicker, gebildeter und damit reicher, wenn wir sie hören. Deshalb geben wir im Restaurant dann gern etwas mehr aus.«

North ist ein Pionier der seine Wissenschaft in den Dienst des ›auditiven Marketings‹ stellt. Selbst den Weingeschmack seiner Hörer will er beeinflusst haben: In einem britischen Supermarkt bestückt er ein Regal mit französischen Weinen, ein weiteres füllte er mit Gewächsen aus deutschen Landen. »Erklang ein französisches Akkordeon, verkauften wir pro Tag etwa 40 Flaschen französischer Weine und acht deutsche Weine.« Gaben die Lautsprecher hingegen einen Klangmix von sich, den North mit den Worten ›deutsche Humpa-Humpa Musik‹ beschreibt, wurden täglich 22 german wines und nur 12 Franzosen abgesetzt. Pop-Musik stimulierte den Bier-Konsum, klassische Klänge ließen den Kunden den Weinregalen zustreben. Bleibt die Frage, wie deutsche Volksmusik sich in deutschen Supermärkten auswirkt ...

»Schokolade scheint mehr ein Getränk für Schweine als für Menschen zu sein.«

Girolamo Benzoni in seiner »Geschichte der neuen Welt«

Ein Menü im Les Ambassadeurs, Paris

Fernsehimbiss mit Rote Bete-Salat als Limonade, Hühnerleberkuchen sehr frei nach Lucien Tendret, Krevetten-Zitronengrassuppe im Krapfen, knusprige Schnecke, Bonbon von Trüffelbutter.

Hühnerei in der Schale »ohne Schale« mit Spargel und Morcheln
Steinbutt mit garniture grenobloise
Spaghetti Carbonara mit Schweinsbrust Version 2006
»Geschenkpaket« Schoko-Banane
Vacherin mit Erdbeeren und Basilikum
serviert am 25. April 07 zum Preis von 200 Euro

Jean-François Piège, früher Küchenchef bei Alain Ducasse im Plaza-Athénée, hat zu einem eigenen Stil gefunden. Seine Spezialität: alltägliche Gerichte wie das Hühnerei oder die Spaghetti mit Mitteln modernster Küchentechnik zu verfremden. Das erinnert an die ›Dekonstruktion‹, bei der der Endgeschmack erst in der Mundhöhle des Essers entsteht. Piège jedoch hat sich den Sinn für beste Zutaten bewahrt – seine Spaghetti sind schlicht und einfach die besten.

Gute Tapas-Bars in San Sebastian-Donostia

Tapas, die kleinen Häppchen von der Bartheke, sind das Nationalgericht von San Sebastian-Donostia. Folgende Liste hat uns ein großer Koch der Umgebung anvertraut, der aus gutem Grund ungenannt bleiben möchte: »Die anderen Tapas-Wirte sind doch auch alle meine Freunde.«

Zona Parte Vieia,

Bar Astelena, Plaza de la Constitucion
Bar Ganbara, (Spezialität: Taschenkrebs) C/ San Jerônimo 21
Bar la Vina, C/ 31 de Agosto 3
La Cuchara de San Telmo, (moderne Tapas), C / 31 de Agosto 28
Trasera, Junto a la entrada lateral de San Telmo
Txepetxa, C/ Pescaderia 5
Bar Martinez, C/ 31 de Agosto 9

Zona Gros,

Bar Alona Berri, C/ Bermingham 24
Bar Bergara, (Stockfisch nach Baskenart) C/ General Arteche 8
Bar Patio de Ramuntxo, C/ Pena y Goni 10

Rungis

Der Bauch von Paris, seit 1969 exiliert in einen südlichen Vorort nahe des Flughafens Orly. Vorort? *Rungis* ist eine Stadt im Miniaturformat: ein Großmarkt auf 232 Hektar, mit über 11 200 Beschäftigten. Die Straßen von *Rungis* werden täglich von 26 000 Fahrzeugen frequentiert, jährlich werden für über 72 Millionen Euro Fisch, Fleisch, Geflügel, Blumen, Gemüse, Milchprodukte und anderes Essbares umgeschlagen. Gegen fünf Uhr morgens startet der Handel, *Rungis* ist von montags bis freitags geöffnet. Am Montag muss man freilich auf Fisch verzichten. (Woraus wir folgern, dass der an diesem Wochentag servierte Fisch nur in sehr wenigen Restaurants noch so frisch wie versprochen ist). Merke: Der Satz: wir werden von Rungis beliefert, steht allein noch nicht für Qualität. Denn selbstverständlich gibt es unter den 1 569 000 umgesetzten Tonnen Lebensmittel auch jede Menge mäßige Ware.

Der Supermarkt der Küchenchefs

heißt Le Delas und steht im Pariser Großmarkt Rungis. Anders als bei den diversen Fachhändlern gibt es bei Le Delas so ziemlich alles, was wohlschmeckend ist: Schokoladen vom spanischen Superstar Oriol Balaguer, Blutwurst aus der Auberge Iparla von Alain Ducasse, Rillettes, spanische Schinken, italienische Tomatensauce, frischer Fisch, Früchte und Gemüse. Le Delas liefert momentan von Kasachstan bis in die USA.

Nouvelle Cuisine

Der Drang zum Neuen scheint den kochenden Berufen angeboren: François Pierre de la Varenne (1618–1678), Verfasser von ›Le Cuisinier François‹, gehört zu den ersten Kochbuchautoren, die deutlich von ihren Vorgängern abrücken: Das Gold der Renaissance-Nahrung wird gestrichen, die süßen Elemente entfernt, die Vorgänger inzwischen klassischer Saucen wie Hollandaise und Béchamel entstehen.

Quer durch die Geschichte der Kochbücher beschimpfen Autoren ihre Vorgänger als ›gotisch‹, klagen über deren überlastete Küche und schwere Zubereitungen und schwärmen von ganz wenig gegartem oder knackigem Spargel. Quer durch die Jahrhunderte haben alle Befürworter der *Nouvelle Cuisine* gemeinsam, alles bis dato erworbene Wissen auslöschen und von Grund auf neu anfangen zu wollen. Und alle Gegner jeder Nouvelle Cuisine wollten um jeden Preis den Status Quo bewahren.

Voltaire etwa erklärte dem Comte d'Artois: »Mein Magen gewöhnt sich nicht an die Nouvelle Cuisine. Ich kann kein Kalbsbries, das in salziger Sauce schwimmt, erleiden und kein Gehacktes aus Puter, Kaninchen und Hase, das man mir als ein einziges Fleisch ausgibt, essen. Ich mag weder Taube à la crapaudine (ohne Knochen gebraten) noch Brot ohne Krume.« Und genau wie es zu allen Zeiten Konservative gab, existierten direkt nebenan moderne Köche. Solche wie Jules Maincave: »Die Kunst der französischen Küche klebt leider an zehn Rezepten, die immer gleichen Gerichte, hundertfach umbenannt. Seit drei Jahrhunderten haben wir wenige wirklich neue Gerichte. Öl gemischt mit Essig ergibt eine klassische Sauce, aber Rum mit Schweinsjus ist ein häretischer Gedanke. Warum? Auch für die Würzung sind wir unheimlich begrenzt: Wir nutzen Lorbeer, Thymian, Schnittlauch, Petersilie und Schalotten, während der Fortschritt der Chemie es uns erlauben würde, Rosen, Lilien und Maiglöckchen zu nutzen. Für mich gibt es nichts delikateres als Rind mit Kümmel, begleitet von mit Gruyère-Käse gefüllten Bananen oder ein Sardinenpüree mit Camembert.« Der Befürworter dieser *Nouvelle Cuisine* wurde 1914 bekannt und starb während des ersten Weltkriegs.

Ein Menü bei Michel Bras

Gargouillou von jungem Gemüse mit Kräutern und Sprossen
Gedämpfter Steinbutt, gewürzt mit Petersilie, Senfblättern und Schinkenjus
Foie Gras mit Muskatellertrauben, Salat, Orange
Kastanienbouillon mit Nussöl, Milchhaut und Sommertrüffel
Gebratene Taubenbrust mit Spinat, Pfifferlingen und gegrillten Steinpilzen
Jus von ihren Innereien
Käse aus Laguiole
Warmer Schokobiskuit mit Karamelleis und pochierter Williamsbirne
Nougatine mit Quitten und Apfelconfit · Kürbiseis mit einer Spur Kakao
serviert im Mai 1996 zu 630 Francs

Michel Bras ist Autodidakt aus der Auvergner Kleinstadt Laguiole. Einer, der sein winziges Heimatdorf erst verlassen hat, als es gastronomische Auszeichnungen regnete. Seine Küche basiert auf subtilem Kräutereinsatz. Nicht weniger als 350 verschiedene Kräuter und Aromaten setzt er täglich ein, inzwischen verfügt er über einen eigenen Garten. Der *Gargouillou von Gemüsen* und der *Coulant de Chocolat* werden inzwischen allerorten imitiert. Erstaunlich bleibt, wie Bras die oft vernachlässigten Gemüse zu vollkommen neuen Geschmackserlebnissen bindet.

Die kleine gastronomische Bibliothek

Wer die nachfolgenden Werke liest, hat damit schon einiges über gute Küche gelernt:

Alain Ducasse
Le grand livre de cuisine d'Alain Ducasse
Alain Ducasse Editions, Issy-les-Moulineaux, Deutsche Übersetzung bei Mathaes Verlag

Harold McGee
On Food and Cooking
New York, 1984

Ferran Adriá
Los secretos d'El Bulli
Altaya, Barcelona, 1997

Trésors de Cuisine
Minerva, Paris, 1999

Gilles Fumey – Olivier Etcheverria
Atlas mondial des cuisines et gastronomies
Autrement, Paris, 2004

Joel Robuchon
Ma Cuisine pour vous
Editions Robert Laffont, Paris, 1986

Frédy Girardet
La Cuisine Spontanée
Editions Robert Laffont, Paris, Deutsche Übersetzung bei Econ Verlag

Alain Chapel
La cuisine, c'est beaucoup plus que des recettes
Editions Robert Laffont, Paris

Eckart Witzigmann
La nouvelle cuisine allemande et autrichienne
Editions Robert Laffont, Paris

Dr. Miguel Sanchez Romera
Total Cooking

Michel Guérard
La grande Cuisine Minceur
Editions Robert Laffont, Paris, 1976

Il Cucchiaio d'argento
Domus, Mailand

Michel Bras
Bras – Laguiole – Aubrac – France
Editions du Rouergue,

Albin Michel
L'Inventaire du patrimoine culinaire de la France
(Buchreihe, die nahezu sämtliche französische Spezialitäten detailliert nach Regionen vorstellt)

Angebliche Aphrodisiaka

Artischocke

Vielleicht spielt die Verzehrweise (Stück für Stück entblättern) für die aphrodisische Wirkung eine Rolle.

Austern

steigern dank Eiweiß und Zink angeblich die Manneskraft.

Chili

soll durch Capsaicin das Wohlbefinden steigern.

Feigen

gelten besonders im Orient als aphrodisisch.

Granatapfel

ist in mediterranen Kulturen ein Fruchtbarkeitssymbol und galt als Lieblingsbaum der Liebesgöttin Aphrodite.

Ingwer

soll dank Gingerol die Durchblutung fördern.

Kaviar

soll wie Austern wirken.

Muskatnuss

betört frisch gerieben mit ätherischen Ölen.

Sellerie

lockt mit Vitaminen, Mineralstoffen und Androstenol.

Spargel

gilt als gut für den Wasserhaushalt, aber auch hier spielt die Form die wesentliche Rolle.

Trüffel

sind kostspielig – und Geld gilt ja, ebenso wie Macht, bei vielen Menschen als stark aphrodisisch.

Vanille

gilt als Stress lösend.

Hinweis: Der aphrodisische Ruf diverser Lebensmittel erklärt sich in aller Regel damit, dass ihre Form oder ihr Preis die Fantasie anregen.

Frühes Marketing bei Tisch

Merchandising gibt es nicht erst, seit man T-Shirts mit flotten Sprüchen bedrucken kann: Nelly Melba etwa war eine berühmte Sängerin der Jahrhundertwende, bekannt für ihre Wagner-Interpretationen. Während die Dame im Covent Garden in London sang, schwappte eine wahre Melba-Mania durch die City: Melba-Frisuren, Melba-Handschuhe, Melba-Kleider. »Warum nicht ein Pfirsich?«, mag sich Auguste Escoffier, der große Koch aus dem Savoy-Hotel, gesagt haben. Praktischerweise befand sich die Frucht schon auf der Karte, als Pfirsich Cardinal mit Himbeercoulis. Als Melba zu Gast war, ließ Escoffier ihr Pfirsiche mit Vanillecreme auf den Schwingen eines Schwans aus Eis servieren. Hommage an Lohengrin... Exit Cardinal, Vorhang auf für den *Pfirsich Melba*. Irgendwann verschwand der Schwan, später kamen die Pfirsiche nur noch aus der Dose.

»Es gibt keine ehrlichere Liebe als die zur Nahrung.«

George Bernard Shaw

Kamelragout mit Topinambur

ein Rezept von Leon Isnard, La Gastronomie africaine, 1930

1 kg Kamelhaxe oder Koteletts in gleichmäßige Stücke schneiden; in einer Kasserole mit Olivenöl anbraten, 1 l Wasser hinzugießen, mit Salz, Gewürzen und Kumin würzen, zwei Stunden kochen lassen und 1 kg geschälte und geviertelte Topinambur hinzugeben, die Garung auf kleiner Flamme vollenden, mit gehackter wilder Petersilie bestreuen und servieren.

Ein Menü im Aubergade in Puymirol

Crevettencrêpe mit Vinaigrette Colombo

Würfel von Gemüse mit Kräuterjus

Hummerlasagne mit Trüffelfumet

'Saturn' von St. Jacques und Spargelspitzen

Krustade vom Kapaun mit Pilzfumet

Kleiner Ziegenkäse mit Salat

*Schokoladenterrine mit Weichselkirschen
und Banyulssauce*

Cristalline von grünem Apfel

serviert am 1. April 1990 zum Preis von 540 Francs

Der Autodidakt Michel Trama war damals einer der Pioniere in Sachen Präsentation der Gerichte. Mit seinen ›Cristallines‹, getrockneten Scheiben Obst und Gemüse, arbeitete er bereits an der Textur seiner Spezialitäten. Die Schokoterrine mit Weichselkirschen wurde, in exakt gleicher Erscheinungsform wie bei Trama, vielfach kopiert.

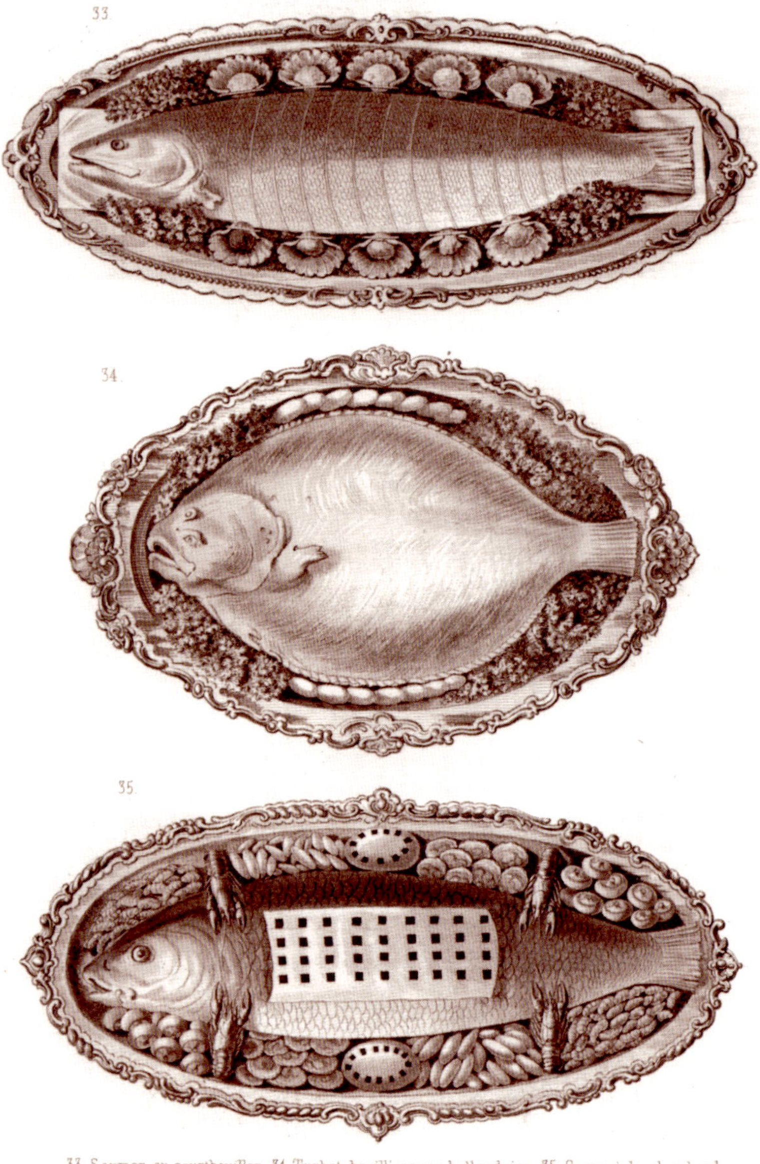

33. Saumon au courtbouillon. 34. Turbot bouilli, sauce hollandaise. 35. Carpe à la chambord.

Wie ich Fisch kaufe …

Nach Tipps von Olivier Roellinger, Spitzenkoch aus Cancale:

Dorade

Festes Fleisch, besonders in der Bauchgegend, sowie glänzende, runde, leicht hervorstehende Augen sind wichtige Frischezeichen. Die beste Variante heißt Daurade Royale (Goldbrasse), mit silberner Schuppenhaut und weißem, magerem, aromatischem Fleisch. Meerbrassen, manchmal Dorade rosé genannt, sind goldfarben mit schwarzen Flecken und schmecken nicht ganz so fein. Die günstige Streifenbrasse (Dorade grise) ist kleiner (meist 300–400 Gramm) – Gräten, Kopf und sonstige Abfälle machen bei ihr gut 50 Prozent des Gewichts aus.

Schon deshalb gilt: Eine schwere Dorade (etwa 1 Kilo) ist empfehlenswerter als zwei bis vier kleine Fische: Der Anteil an Gräten und Abfall fällt geringer aus, der Geschmack ist intensiver.

Saison: Februar bis Mai

Kabeljau

Ein glänzender Laib spricht für Qualität, die kleinen Bärte in den Mundwinkeln müssen schön starr sein. Das feste Fleisch präsentiert sich in klarem Weiß. Kabeljau von etwa zwei Kilo ist geschmacklich in Hochform.

Saison: März bis Mai

Kalamar

Je nach Alter misst er zwischen 10 und 50 Zentimeter. Hier sind die kleinen, jungen Exemplare tatsächlich die wohlschmeckendsten, besonders wenn sie aus küstennahem Fang stammen.

Petersfisch

In frischem Zustand verfügt er über klar-schwarze hervorstehende Augen, die fast ein wenig an ›Froschaugen‹ erinnern. Seine Rückenflosse steht fast senkrecht und sollte spitz wirken. Binnen drei Tagen stumpft sein anfangs leuchtendes Grau ab und an der Rückenflosse tritt eine zäh-schleimige Flüssigkeit aus. Große Exemplare werden bis zu 80 Zentimetern lang. Gutes Gewicht: 1–1,2 Kilo. Das klingt nach viel, aber: Kopf, Gräten und Flossen sorgen dafür, dass nach dem Filetieren etwa 60 Prozent Abfall anfällt.

Gute Zeit: Oktober bis März

Rotbarbe

Die beste Sorte sind die Streifenbarben (›Rougets de Roche‹). Auch die etwas weniger feinen roten Meerbarben fallen unter die Rotbarben. Zum Glück kann man sie mit bloßem Auge unterscheiden: ›Rougets de Roche‹ verfügen über eine eher runde Stirn, rote Meerbarben blicken etwas ›kantiger‹ drein. Die erste Rückenflosse der Streifenbarbe ist braungelb, die der roten Meerbarbe ist fast farblos.

Die Augen der frischen Rotbarbe stehen oval hervor und sind transparent. Schimmern die Augen des Fisches rot oder verliert er seine Farbe, hat er schon etwas zu lang beim Händler gelegen. Alarmzeichen sind Risse oder andere Beschädigungen im Bauchbereich.

Saison: November bis April

Seezunge

Eine fangfrische Seezunge glänzt, ihr Bauch ist weiß und ihr Laib von einer schleimigen Substanz umzogen. Altert die Seezunge, fasst sie sich trocken an, sie wirkt grauer und am empfindlichen Bauch bilden sich braune Flecken.

Wichtig ist die Herkunft: Seezungen aus warmen Meeren, die z. B. vor der Küste des Senegals gefischt werden, sind ärmer an Aromen als Fische aus europäischen Gewässern.

Saison: März bis Juni

Steinbutt

Ein frischer Steinbutt verfügt über kräftig rote Kiemen und starres, hartes Fleisch. Seine Unterseite ist von fehlerlosem Weiß. Sichtbare Hämatome sprechen für Beschädigungen während des Transports.

Gute Händler sollten beim Einkauf darauf hinweisen, ob sie gerade ein wild aufgewachsenes oder gezüchtetes Exemplar erstehen. Der Zucht-Steinbutt ist geschmacklich deutlich weniger beeindruckend als sein wild aufgewachsener Vetter. Tipp: Die weiße Seite des Zucht-Butts ist oft etwas grauer als die seiner Vettern aus dem Meer und trägt grau-schwarze Flecken.

Spitzenköche verarbeiten gern ausgewachsenen Steinbutt von 7 bis 9 Kilo Gewicht und schwören, dass der Fisch nur in dieser Größenordnung sein volles Aroma entwickelt.

Saison: Juli-Dezember

Wolfsbarsch (Loup de mer)

Seriöse Händler sollten die Kunden aufklären, wie der Fisch gefangen wurde. Besonders delikat ist der geangelte Loup. Sind die Augen hingegen rot verfärbt und fasst sich das Bauchfleisch schlaff an, wurde der Wolfsbarsch mit dem Schleppnetz gefangen. Am festen, harten Fleisch (inklusive festem Bauch) und der glänzenden grauen Farbe erkennt man Qualität. Tipp: Den Händler bitten, den Fisch am Kopf anzufassen und in der Horizontalen zu halten. Knickt der Laib nicht nach unten ein, ist der Wolfsbarsch wirklich fangfrisch. Sein Idealgewicht liegt zwischen 3 und 4 Kilo, generell schmecken große Wolfsbarsche besser als kleine.

Saison: September bis Januar

P. 8.

47.

48.

49.

~ Ein Menü bei Andoni Luis Aduriz ~

Mugaritz, Errenteria

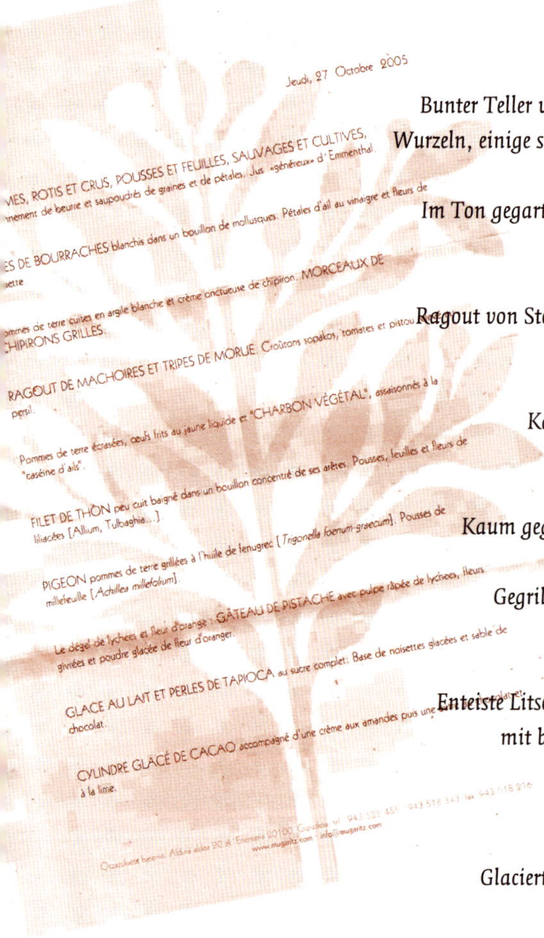

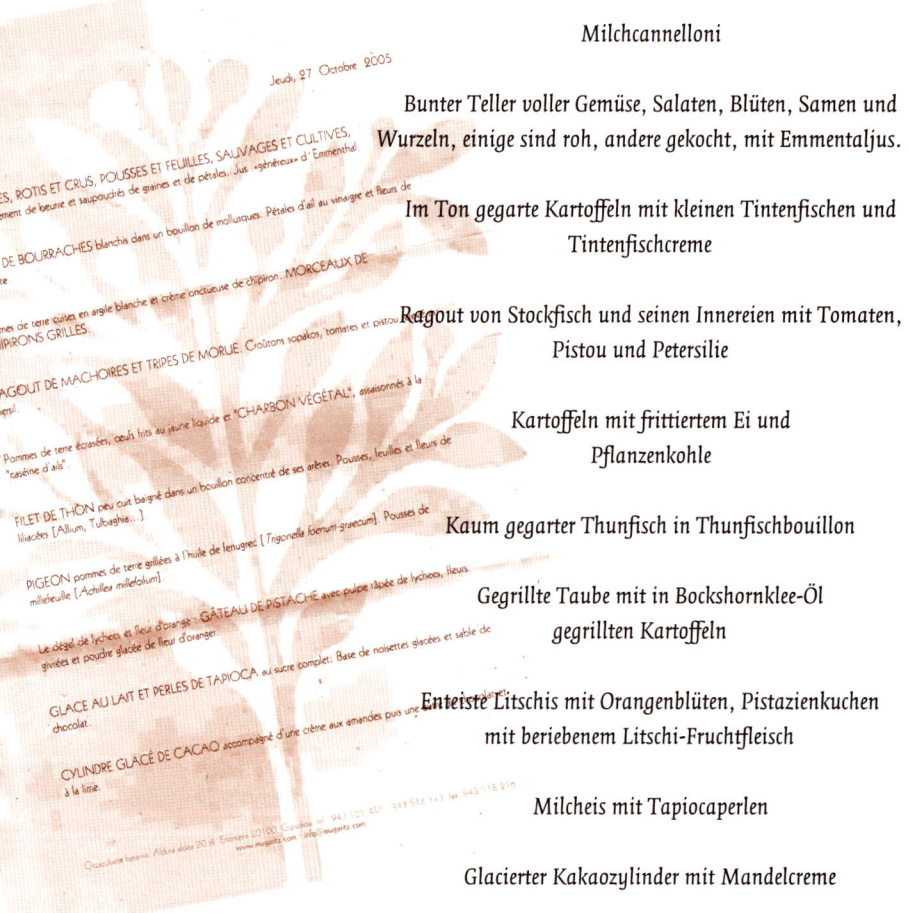

Milchcannelloni

Bunter Teller voller Gemüse, Salaten, Blüten, Samen und Wurzeln, einige sind roh, andere gekocht, mit Emmentaljus.

Im Ton gegarte Kartoffeln mit kleinen Tintenfischen und Tintenfischcreme

Ragout von Stockfisch und seinen Innereien mit Tomaten, Pistou und Petersilie

Kartoffeln mit frittiertem Ei und Pflanzenkohle

Kaum gegarter Thunfisch in Thunfischbouillon

Gegrillte Taube mit in Bockshornklee-Öl gegrillten Kartoffeln

Enteiste Litschis mit Orangenblüten, Pistazienkuchen mit beriebenem Litschi-Fruchtfleisch

Milcheis mit Tapiocaperlen

Glacierter Kakaozylinder mit Mandelcreme

genossen am 27. Oktober 2005 zum Preis von 120 Euro

Andoni Aduriz gilt zu Recht als Überflieger. Seine Sensibilität im Umgang mit Gemüse, sein Balanceakt zwischen Tradition und Moderne suchen ihresgleichen. Und seine Technik kennt der junge Koch schon lange: Die *Vegetalkohle* sieht tatsächlich wie ein schwarzer Brocken aus, der sich vom Kohleherd auf den Teller verirrt hat. Es ist Yucca, zuerst in einer Chipironbasis gegart, dann auf der Parilla schonend erhitzt, gefärbt mit violettem Mais. Der Kohleeffekt kommt von getoasteten Nori-Algen.

Maritime Raritäten

Abalone, grüne Pousse-en-Claire Auster oder Soft Shell Crabs – sie sind meist rar, teuer und in den meisten Teilen der Welt kaum zu bekommen. Daher: Greifen Sie sofort zu, wenn Sie auf dem Markt oder im Restaurant eines der folgenden Meerestiere sehen.

Austern

Nur in Monaten mit »R« am Ende essen – diese Regel bezieht sich auf den Fortpflanzungsrhythmus der Schalentiere. Im Sommer haben die Austern Fortpflanzungszeit, dann sind sie fader, weicher und weniger haltbar.

Heutige europäische Austern stammen von der japanischen Sorte *Gigas* ab, doch auch vermeintlich identische Austern schmecken sehr unterschiedlich, je nachdem in welcher Region (und welchem Wasser) sie gezüchtet wurden.

Fragiler, rarer, wohlschmeckender und teurer sind die flachen, fast runden Austern. Sie haben einen längeren ›Abgang‹ als ihre rauschaligen, langen Vettern, schließen sich weniger gut und eignen sich kaum für den Transport. Kostspieliger sind sie schon deshalb, weil sie etwa fünf Mal langsamer als letztere wachsen.

Wasserqualität, -temperatur und Meeresfauna wirken sich direkt auf die Austern aus, von der *irischen Galway* über die *Colchester* bis zur *Sylter Auster* hat jeder Liebhaber der Schalentiere seine Favoriten. Besonders rar sind die *Pied de Cheval* der Bretagne und die *Pousses-en-Claire* der französischen Region Marennes-Oléron. Der *Pied de Cheval* ist eine wahre Riesenauster, wird von den Bretonen auch *Pferdefuß* genannt. Sie schmeckt nach Jod und Meer, besticht durch ihre feste Konsistenz. Die grünliche *Pousses-en-Claire* hingegen verbringt sechs Monate im besonders jodhaltigen Wasser der Claires-Erdgruben – die zur Austernzucht in ehemaligen Sumpfgebieten ausgehoben wurden. Pro Quadratmeter dürfen hier gerade mal fünf Austern gezüchtet werden.

Ebenfalls ein Erlebnis: *Felsenaustern* aus Sydney, die nicht zur gängigen Gattung *Gigas* gehören. Die australische *Saccostra glomerata* (Sidney Rock Oyster) wächst langsamer als die *Gigas* und überlebt etwas länger außerhalb des Wassers.

Doch nicht nur die Sorte ist entscheidend, auch auf den Austernzüchter kommt es an. Zwei Experten haben regelrechte ›Austernmarken‹ aufgebaut: Gérard Gillardeau aus dem französischen Bourcefranc beliefert den Elyséepalast und nennt seine Austern nur *die Gillardeau*, der Bretone Yvon Madec vermarktet seine *Prat-Ar-Coum-Austern* mit einem entscheidenden Argument: Weil die Schalentiere permanent in einer Mischung aus dem Salzwasser des Meeres und dem Süßwasser eines nahen Flusses ›baden‹, ist ihr Geschmack wirklich einmalig.

»Nur die ganz Stumpfsinnigen sind beim Frühstück schon geistreich.«

Oscar Wilde

Europäischer Hummer

Der rote Kanadische Hummer gilt als Massenware – Köche schwören auf den blauen ›Europäer‹. Geschmacklich unterscheiden sich die beiden wie ein Huhn von einem Wildgeflügel wie Fasan. Das Fleisch der Europäer ist fester, ihr Geschmack ausgeprägter. Anders als die Kanadier lassen sich die Europäer nicht in Gefangenschaft züchten, selbst wenn man sie noch so lange zusammen in ein Wasserbassin sperrt. Der wilde Europäer ist ein wahrer Meeresräuber – und zu seinen Lieblingsspeisen zählen auch seine Artgenossen. Neun Monate lang macht er sich rar. Erst von April bis September werden die Tiere aktiv. Die beste Fangzeit ist Mai bis Juli. Weil die Hummer im Winter ihren Panzer wechseln, sind die früh gefangenen Exemplare manchmal noch etwas ›leer‹, ihr ›Krustenkleid‹ ist ihnen zu diesem Zeitpunkt einfach noch zu groß. Die europäischen Krustenkriecher nehmen jedes Jahr zu, wachsen ihr ganzes Leben lang. ›Schwergewichtler‹ wiegen etwa fünf Kilo. In den ersten zehn Jahren gewinnen sie etwa 100 Gramm pro Jahr an Gewicht, dann verlangsamt sich der Prozess. Ein 1,5 kg-Hummer kann durchaus 25 Jahre alt sein. Die dicksten und ältesten schmecken allerdings nicht am besten. Alles, was über 1,5 Kilo wiegt, riskiert faserig oder hart zu sein und taugt oft nur für den Salat. Zahlreiche Köche bevorzugen deshalb Hummer von etwa 800 Gramm bis 1,3 Kilo und verwenden wenn möglich Weibchen. Das Geschlecht der Tiere kann man durchaus erkennen, ohne Zoologe zu sein: Hummermänner haben einen eher runden Leib, eine ihrer Scheren ist besonders kräftig entwickelt. Weibliche Tiere hingegen verfügen über gleich große Scheren und einen nach unten breit auslaufenden Leib. Das beliebte *Vivarium* in Restaurants täuscht Frische nur vor: Werden die Tiere nicht richtig ernährt, magern sie unter ihrem Panzer deutlich ab. Ein Tipp: Je kürzer die Antennen ausfallen, desto länger hat der Krustenkriecher im Vivarium gewartet. Europäische Hummer sind wie gesagt Kannibalen und knabbern in Gefangenschaft die Antennen ihrer Artgenossen an. Letztere sind so lang wie der Leib, wenn das Krustentier gefischt wird. Bleiben nur noch zentimeterlange Stummel, wurde das Tier schon vor geraumer Zeit aus dem Meer gezogen.

»Nehmen Sie diesen Feigling weg und bringen Sie mir den Sieger.«

Sacha Guitry, als man ihn im Pariser Maxim's einen Hummer brachte, der im Kampf mit Artgenossen eine Schere verloren hatte.

Flusskrebse Pattes Rouges

Europäische Flusskrebse sind wählerisch: Sie mögen keine Wasserverschmutzung und müssen fünf bis sieben Jahre in Frieden leben, um geschmacklich in Hochform zu sein. Schon deshalb gibt es auf unseren Märkten kaum noch echte ›Rotfüßler‹ (pattes rouges). Die wässrig schmeckenden Exemplare aus den Aqua-Farmen lassen sich mit ihren wild lebenden Vettern halt nicht vergleichen.

Die australischen *Yabbies* ähneln den europäischen Krebsen im Geschmack, werden aber wesentlich größer: Mit 13 bis 15 Zentimeter Länge sind sie wahre Riesen.

Languste

Genau wie beim Hummer gilt: Auf die Herkunft kommt es an. Langusten aus Kuba oder Honduras mögen beeindruckend aussehen, so delikat wie ihre Artgenossen aus den Nordmeeren schmekken sie in unseren Breiten nicht. Erstklassige Ware sind hingegen die roten Langusten aus Ärmelkanal, Atlantik und Mittelmeer, die rosa Exemplare aus Südafrika oder die eher braune Variante aus Australien.

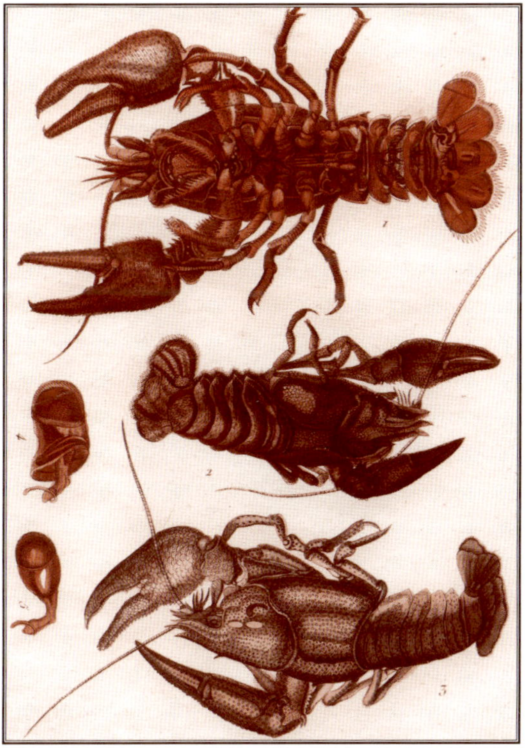

Langusten verfügen in frischem Zustand über lange, glänzende Antennen, sind schwer für ihre Größe. Ihr Panzer und ihre Gliedmaßen sind intakt, ihre Augen schimmern schwarz. Für optimales Aroma sollte man Langusten stets ultrafrisch, möglichst noch am Tag des Einkaufs zubereiten.

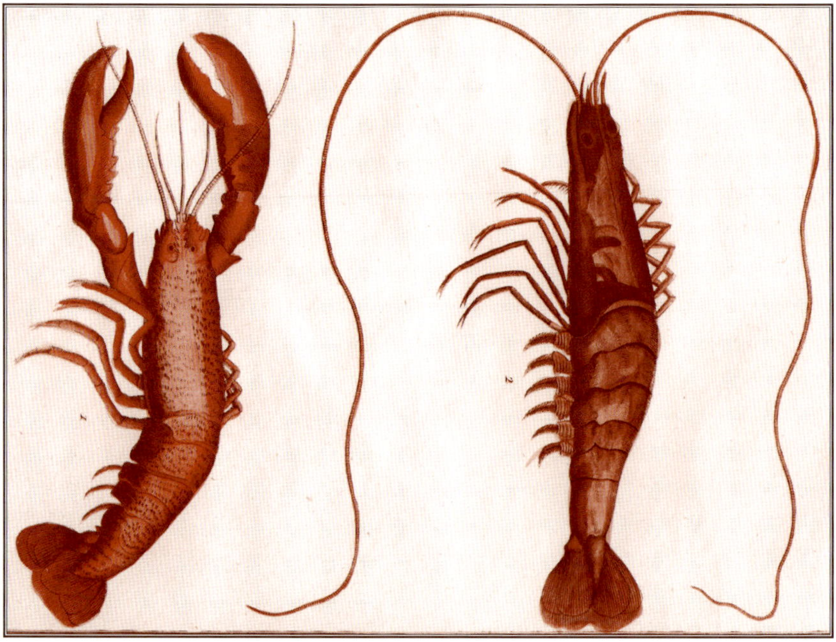

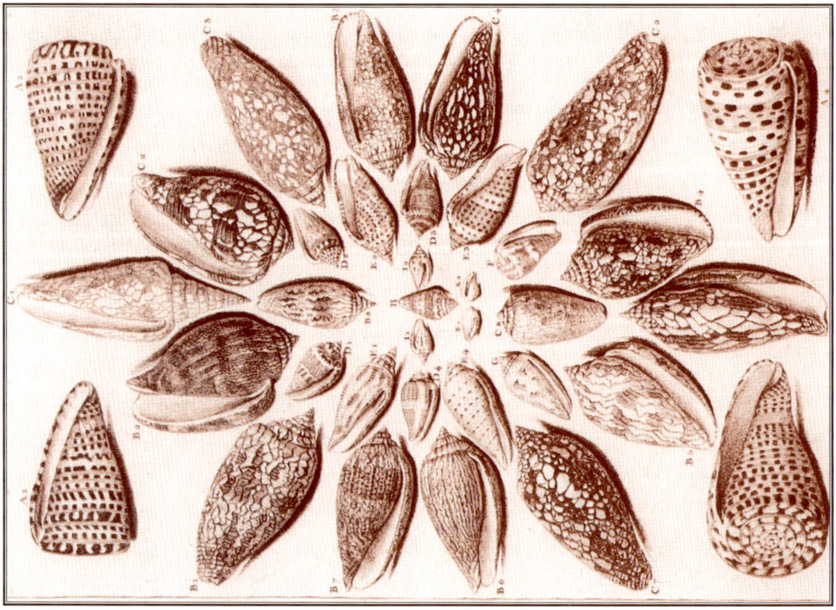

Meerspinne

Seespinnen nennt man auch Meerspinnen oder Teufelskrebse. Sie sind meist von Mai bis Juli und von Oktober bis Dezember erhältlich. Die meisten europäischen Exemplare werden gerade mal 15 bis 20 Zentimeter groß. Von unvergleichlichem Wohlgeschmack sind jedoch die wahren Meeresriesen der Nordmeere: die *King's Crab* aus Alaska, die *Talaba-Gani* aus Japan oder die *Kamchatka-Königskrabbe.* Solche Tiere verfügen über Spannweiten von bis zu zwei Metern und werden bis zu 12 Kilo schwer. Gerade die Beine dieser Krabben gelten als unvergleichliche Delikatesse. Japaner lieben sie als Sashimi, der Brüsseler Spitzenkoch Yves Mattagne vom Sea Grill serviert sie mit etwas geschmolzener Butter und einer Spur Petersilie.

Seeigel

Mit ihrem soliden Stachelpanzer wirken sie nicht sonderlich einladend. Und doch: Für die fünf orangefarbenen ›Zungen‹ die sich inmitten eines Seeigels befinden, lässt mancher Feinschmecker gern eine Dose Kaviar stehen. Schon weil die meisten Seeigel von Tauchern aufgelesen werden, ist auch ihr Genuss ein kostspieliges Vergnügen.

Um den intensiven Jodgeschmack mit einer deutlichen Spur Süße auf die Zunge zu bekommen, sollte man sie pur genießen, wer keine rohen Meerestiere mag, kann z. B. ein Wachtelei mit den Zungen im Panzer garen.

Besonders begehrt sind die riesigen Seeigel mit ihren fast zwei Zentimeter langen Stacheln, die vor Madagaskar, Réunion und der japanischen Küste leben.

»Kochen ist das Verzögern von Verwesungsprozessen.«

Harold McGee

Seeohren (Abalone)

Haliotis (Meerohr) heißt der wissenschaftliche Name dieser Meeresschnecke – Herkules wäre treffender. Die Saugkraft eines Seeohres ist bis zu 4 000-mal stärker als ihr Eigengewicht. Damit widerstehen sie der stärksten Brandung und manchem Fangversuch. Noch dazu tarnen sich die Muskelriesen (die größten Gattungen haben einen Durchmesser von 25 Zentimetern) unter einer bräunlichen, zerklüfteten Schale. Die Innenseite derselben ist von irisierendem Perlmutt, ein wahres Schmuckstück, dass je nach Lichteinfall grün, blau, silbern, weiß oder rosa schimmert. Über die Zubereitung streiten die Experten: In Europa werden Seeohren buchstäblich weich geklopft (um prompt wieder hart zu werden, falls der Koch die Garzeit nicht einhält). In Japan hingegen schneidet man sie vertikal in feine Lamellen. Je nach Land werden Seeohren bzw. ihr grünlicher, bitterer Corail als aphrodisierend eingestuft.

Soft Shell Crabs

Eigentlich kein Meerestier, sondern ein Wachstumsstadium: Wächst eine Krabbe, stößt sie ihren Panzer ab. Während der neue, größere Panzer wächst, verfügen die Krabben nur über eine weiche Schale, die soft shell. Die meisten *Soft Shell Crabs* sind amerikanische *Blue Crabs* aus Maryland, North & South Carolina sowie Louisiana. Schon ihr wissenschaftlicher Name *Callinectes sapidus* verheißt Gaumenfreuden. Frei übersetzt heißt er »schöner, geschmackvoller Schwimmer«. Soft Shell Crabs werden in vielen Variationen serviert, der Panzer soll dabei so gut wie immer mitgegessen werden. Als Spitzenware gelten Soft Shells aus Maryland, wo das kalte Wasser für ausgeprägteres Aroma sorgt.

Taicho-Krevetten

Kuruma-ebi oder *Tiger Prawns* werden die bis zu 30 Zentimeter langen Riesen-Gambas auch genannt. Dank ihrer Größe schmecken sie fast wie ein kleines Krustentier. Wer sie frisch genießen will, muss sich nach Japan begeben, wo Fischkutter ihnen vor Hokkaido nachstellen. Die tiefgefrorenen Sorten, die man in Europa erhält, sind ihr Geld nicht wert.

Trüffel aus Balkonien

Die Trüffelsaison ist den größten Teil des Jahres lang vorbei. Angesichts der Unbill der Witterung scheint uns die Offerte von Truffle UK Limited aus Dorchester immer sympathischer: Unter www.truffle-uk.co.uk bieten zwei Herren namens Adrian Cole und Nigel Haddon-Paton mit Trüffelsporen geimpfte Eichen- und Haselnusssetzlinge an. Und wir Trüffelesser dürfen sogar wählen, ob wir den edlen *tuber melanosporum*, den *Périgord-Trüffel*, oder den faden *tuber uncinatum*, den Sommertrüffel haben wollen. Für gerade mal 25 Pfund, also etwa 35 Euro, kommt das »ungewöhnliche Geschenk für den Garten-Enthusiasten« nebst tuber uncinatum-Impfung nach Haus. Was, Sie haben keinen Garten? So ein Trüffelbäumchen macht sich auch gut »in einem großen Terrakotta-Topf auf dem Balkon und vor dem Hauseingang.« Bevor wir in unseren Terrakotta-Pötten nach Trüffeln graben dürfen, müssen wir nur ein wenig Geduld walten lassen: Eichen wachsen betont langsam.

Tipps zum Einkauf von Fleisch und Geflügel

Generell gilt: Weibliche Tiere schmecken meist besser als männliche.

Kaninchen Idealgewicht von 1,3 bis 1,5 Kilo. Etwas Fett nicht nur um die Nierengegend, sondern auch vorn, am Rücken, zwischen den Schultern verhindert das Austrocknen des Fleisches beim Garen. Lange Krallen, graues Haar und gelbliches Fett sprechen für einen zähen, weil alten Nager.

Lamm ist blassrosa oder fast weiß mit schneeweißer, fester Fettschicht. Die darf beim Anfassen nicht unter den Fingern rollen. Trick: Die Hände anwärmen und über die Fettschicht gleiten lassen. Ist das Lamm zu alt, hat man anschließend typischen Hammelgeruch an den Fingern.

Fasane oder Rebhühner haben einen geraden, spitzen Schnabel. Alle Exemplare mit ›Hakennase‹ wie beim Adler haben sich nie in Freiheit ernähren müssen, ihr Schnabel ist nicht abgenutzt. Bei Zuchtvögeln sind die Fasanenhennen fast so fett wie eine Poularde.

Hase Je heller das Fleisch ausfällt, desto jünger ist das Tier, rote bis rotschwarze Farbe deutet buchstäblich auf einen ›alten Hasen‹ hin.

Ente Der Trick eines Geflügelhändlers: »Schnabel zwischen Daumen und Zeigefinger nehmen und zerdrücken. Bietet er Widerstand, wird auch das Fleisch fest sein. Lässt sich der Schnabel leicht brechen, ist es hingegen extrem zart.«

»Das ist der beste Schinken von ganz Italien: nur ein Züchter, nur ein Schwein.«

Massimo Mori von der Mori Venice Bar in Paris

LE CIGNE ET LE CUISINIER . Fable LIV

Camembert testen

»Guter Camembert hat eine samtig weiße Rinde und schimmert in den Falten rostrot. Hüten sollte man sich vor zu weißen oder stark geröteten Exemplaren«, erklärt Käsemeister Philippe Olivier. »Er riecht frisch, vielleicht ein wenig nach Pilzen, niemals aber nach Ammoniak. Falls doch, sticht er nicht nur in der Nase, sondern schmeckt wie ein Stück Seife oder prickelt unangenehm auf der Zunge. Weich sollte er sich anfassen, aber beim Anschneiden trotzdem nicht auseinanderlaufen.« Quillt der Camembert nämlich nach dem Schnitt halbflüssig unter der Kruste hervor, wurde er während des Reifeprozesses nicht korrekt getrocknet. Ungenießbar ist er deswegen nicht. Den Weichetest zwischen Daumen und Hand nehmen Experten stets an der Außenseite, nie an der Mitte vor. Camembert reift nämlich von außen nach innen. Weil die echte Variante nur begrenzt haltbar ist, werden die Käse gerne ein wenig zu jung verkauft, kommen also mit einem etwas härteren Zentrum zum Genießer. Zu Hause kann man ihn problemlos ausreifen lassen und erst dann anschneiden, wenn er die sich optimal anfasst. ›Fait à coeur‹ (bis zum Herz gereift) heißt so ein Käse in Frankreich.

Ein Menü in der Concorde

Confierte Foie Gras mit schwarzen Trüffeln, Portweingelee,
Sauce von der Ente und Sherryessig
Bretonischer Hummer mit Oscietra-Kaviar und Crème coraillée
Kalbsfilet mit Wintergemüse und Trüffeln, Steinpilze aus der Pfanne,
Makkaronigratin mit Trüffelsauce
Crousti-Fondant Chocolat-Pralin
Frische Früchte in Sauternes-Gelee

so serviert am 13. Dezember 1999

Die Concorde konnte zwar die Schallmauer durchbrechen, ihre Küche hatte dennoch eher Charterformat: ein einfacher Ofen mit starker Oberhitze. Alain Ducasse, der dieses Menü ursprünglich für den Neujahrstag 2000 konzipierte, umging das Problem durch eine aufwendige Mise en place für Foie Gras, Hummer und Dessert. Nur das Kalbsfilet konnte dem ›Ofen-Effekt‹ nicht ganz entkommen und fiel geschmacklich verglichen mit dem Rest des Menüs etwas ab.

Ein Menü bei Fredy Girardet

*Der Schweizer Girardet (*1936 in Lausanne)*
galt in den achtziger Jahren als bester Koch der Welt.

Kaninchenwurst mit Pistazien à l'ancienne
In Senfkörnern gebratenes Seeteufelschnitzel
Matelote von Jakobsmuscheln und Kaisergranat
im Pimentsabayon
Kalbsbries mit Gewürznelken
Käse
Sorbets
Dessert vom Wagen

so serviert am 30. März 1988 zu 130 Schweizer Franken

Scheinbar simpel, aber immer erstklassig. Fredy Girardet war ein Purist. Wie er einfach klingende Kost in raffinierte Gerichte verwandelte, bleibt unvergesslich – besonders bei der Kaninchenwurst und beim Kalbsbries.

»Der Werth des Wildpretes hängt auch größtenteils von der Natur des Bodens ab, wo es sich nährt. Der Geschmack eines rothen Rebhuhnes von Périgord ist ein anderer, als derjenige eines rothen Rebhuhnes von der Sologne; ein Hase, der in den ebenen Umgebungen von Paris geschossen wurde, ist eine ziemlich unbedeutende Schüssel«.

Jean Anthelme Brillat-Savarin, Physiologie des Geschmacks

Ein Menü in Las Ventanas

Cabo San Lucas

Abalone-Tatar
Sardinen-Escabeche mit Sternanis
Mango-Jicama-Millefeuile mit Pfeffervinaigrette
Gedämpfter Seebarsch mit Tomatenwasser, Zitronengras und Muscheln
Gegrillter Red Snapper mit Schweinsfuß
Bananen-Tarte mit Lavendeleis

serviert am 28. Juni 2001

Der damalige Küchenchef Marc Lippman verstand sich bestens darauf, lokale mexikanische Zutaten in die Haute Cuisine einzubinden. Unübertrefflich: das scheinbar simple Millefeuille aus Mango und Jicama – einer Kartoffelsorte.

Ein Menü bei Bernard Pacaud im L'Ambroisie

Paris

Gedämpfte Waldpilze
Ravigote von Flusskrebsen mit Erbsen und Korianderemulsion
Vinaigrette von der Rotbarbe mit Petersilienöl
Seebarsch à la genevoise mit Artischocken und Schinken
Praliné-Dacquoise mit Erdbeeren

genossen am 8. Juni 2005 für 260 Euro

»Wenn man zuviel verwendet, erhält man eine Kakophonie statt einer Symphonie.«

Raymond Thuilier zu Kräutern

Faustregeln für den Kräutereinsatz in der provenzalischen Küche

Keinesfalls Fenchel zur *Daube* (Rinderschmortopf)! Weder Thymian noch Lorbeer zu *Pieds et Paquets* (eine Rolle vom Lammfüßen und -kutteln)! Kein Rosmarin in die *Ratatouille* und kein Bohnenkraut in die Gemüsesuppe *Soupe au Pistou* geben!

Meistens finden sich in traditionellen provenzalischen Gerichten nur zwei verschiedene Kräuter und Aromaten. Höchst selten raten die Kochbuchautoren zur Verwendung von *herbes de provence*, den Kräutern aus dem Säckchen.

Safran

Das teuerste Gewürz der Welt! Kein Wunder, denn 20 000 der getrockneten Blütennarben einer Krokusart wiegen gerade mal 125 Gramm. Zum Ausgleich ist Safran extrem ergiebig, geringste Mengen reichen, um z. B. einem Risotto Farbe zu verleihen oder eine Bouillabaisse oder eine Paella zart zu aromatisieren. Die getrockneten Blütennarben sind etwa 2,5 Zentimeter lang, ihre Qualität wird nach ihrer Farbe bestimmt: Die dunkelsten gelten als die besten, aber zu trocken sollten die ›Safranstäbe‹ auch nicht sein. Vorsicht Nepp: Findige Geschäftemacher versuchen gern, ihren Safran dunkler zu färben. Händler merken das am Gewicht. Amateuren bleibt nur provisorische, weniger zuverlässige Methode: Echter Safran hinterlässt meist nur an feuchten Händen orangene Spuren, gefärbter bringt das Gelb auch auf trockene Finger.

Königswasser

Die Monarchie ging, ihr Wasser blieb. »Die älteste Mineralquelle Frankreichs«, heißt es auf dem Etikett jeder Flasche Chateldon. In Fässern aus der fernen Auvergne an den Hof Ludwig XIV. transportiert, empfahl Hofmediziner Fagon es seiner Majesté sogar zu Heilzwecken. Weil das *eau minerale royale* genau die richtige erfrischende Spitze Kohlensäure hat, ohne die Papillen permanent sprudelnd zu malträtieren, eignet es sich selbst für Spitzenmenüs: »Weich, und feinperlig. Ganz ohne Nitrat. Weder zu aggressiv noch zu geschmacksintensiv« urteilen Top-Köche. Na dann Prost! Was dem Sonnenkönig schmeckte, kann uns Bürgerliche ja wohl nicht enttäuschen.

Vokabular eines typischen Kölner Brauhauses

Äädäppelschloot	–	Kartoffelsalat
Ähzesupp	–	Erbsensuppe
Flönz	–	Blutwurst
Hämmchen	–	Eisbein
Halve Hahn	–	Roggenbrötchen mit Käse
Himmel un Ähd	–	Himmel und Erde, Mix aus Kartoffelbrei und Apfelkompott. Wird gern mit –> *Flönz* serviert.
Kappes oder *soore Kappes*	–	Sauerkraut, wird manchmal zu –> *Hämmchen* gereicht
Kölsche Kaviar	–	Roggenbrötchen mit Blutwurst und Zwiebeln
Kölsche Pizza	–	neuere Kreation in Form von belegten Reibekuchen, etwa mit Tomaten und Basilikum
Laberdan in Senfzaus	–	Kabeljau in Senfsauce
Rievkooche	–	Reibekuchen, oft mit Apfelmus genossen
Röggelchen	–	Roggenbrötchen
Surbroode	–	Rheinischer Sauerbraten, wird in der Originalversion mit Pferdefleisch aufgetischt

Unverständliche Worte von Speisekarten der frz. Stadt Lyon

Tablier du Sapeur = der Lederschurz des Pioniers, ein mit Ei panierter Rindermagen
gras-double à la lyonnaise = panierter Rindermagen mit Butter, Essig und Petersilie
clapotons = warme Stücke von Lammfüßen mit Senf, Sahne und Ei
cervelle de canut = Hirn des Seidenwebers, ein Kräuterquark

Spilanthes Acmella

ist eine Pflanze, die im englischen Sprachraum auch *toothache plant* (Zahnschmerz-Pflanze) genannt wird. Ihr Genuss betäubt kurzfristig, aber effektiv die Mundhöhle und wirkt tatsächlich gegen Zahnschmerz. Je nach individueller Konstitution des Essers lässt die Wirkung nach zwei bis zwanzig Minuten nach – oder sofort dann, wenn man ein Glas Wasser trinkt. Der spanische Spitzenkoch Andoni Luis Aduriz (Mugaritz, Renteria) nutzt *Spilanthes Acmella* für feine Salate.

Was man an Festtagen im Weltraum isst

Hauptgerichte:

Effiloché de volaille en Parmentier
Hähnchengeschnetzeltes Parmentier
Dos d'espadon façon Riviera
Schwertfisch nach Art Rivera
Volaille épicée, sauté de légumes à la Thaï
Scharfes Hähnchen mit Thai-Gemüse
Cailles rôties au Madiran
In Madiran-Wein gebratene Wachteln
Magret de canard confit, condiment aux câpres
Entenbrust-Confit mit Kapern

Beilagen:

Carottes de sable au goût d'orange et coriandre
Sandkarotten mit einem Hauch von Orange und Koriander
Céleri rave en délicate purée à la noix de muscade
Ein leiches Püree von Knollensellerie mit einem Hauch Muskat
Morceaux de pommes fondantes
Schmelzkartoffeln · Caponata
Tomaten-, Auberginen- und Olivendip

Nachspeisen:

Gâteau de semoule de blé fine aux abricots secs
Grieskuchen mit getrockneten Aprikosen · Far de l'espace
Weltraumversion eines Obstkuchens aus der Bretagne
Rice pudding aux fruits confits · Reispudding mit kandierten Früchten

Sportler und Segler testeten dieses Menü monatelang, unter den Testessern war Albert II. von Monaco, der sich die zukünftige Raumnahrung während einer Polarexpedition vorsetzen ließ.

Den drei Astronauten Thomas Reiter, Mikhail Tjurin und Michael Lopez-Alegria servierten einander diese Speisen in 335 bis 460 Kilometer Höhe in der Raumstation ISS. Tjurin bemängelte das Fehlen »einer guten Fischsuppe«, Reiter meinte, »mit einem Glas Wein hätte es noch besser geschmeckt«.

Die Gerichte stammen aus einer Blutwurstfabrik im baskischen Bidarray.

Frittenrezepte

Joël Robuchon, von unseren französischen Nachbarn einst als weltbester Koch verehrt, schwört auf die Kartoffelsorte *Agria*, die aus der Werkstatt von Europas größtem Produzenten *Agrico-Holland* stammt. Die holländischen Schöpfer konzipierten ihr Produkt ursprünglich als ›Industriekartoffel‹, ähnlich der von McDonalds France verwendeten *Russet-Burbank*. J. R lobt die *Agria* weil sie nicht mehlig ist und beim frittieren nicht an Geschmack verliert. Die Kartoffelstäbchen blanchiert er drei Minuten in kochendem (nicht gesalzenem) Wasser – so werden sie goldener und knuspriger. Danach lässt er sie abkühlen, frittiert sie 10 Minuten in 160 °C heißem Erdnussöl. »Abtropfen und einen zweiten Frittiergang bei 180–190 °C einlegen« lautet für ihn das Geheimnis der guten Fritte. Und wenn man die Kartoffeln nach erneutem Abtropfen auf einem Tuch nicht nur mit herkömmlichem Salz, sondern auch mit den groben Salzkristallen aus Guérande würzt, kommt endgültig Pfiff in die French Fries.

Ghislaine Arabian, Anfang der 1990er Jahre Frankreichs beste Köchin, schwört hingegen auf die Sorte *Charlotte de Noirmoutier* – erhältlich in jedem französischen Supermarkt – und mischt zum Frittieren belgisches Palmöl mit 15 Prozent Rinderfett, »weil man das in Belgien nun mal so macht«. Ihre Kartoffelstäbchen schneidet sie mit dem Messer zu und frittiert sie nach dem Trocknen 10 bis 12 Minuten bei 140 °C, lässt sie nach dem ersten Abtropfen fünf Minuten ruhen, und frittiert vor dem kräftigen Salzen nochmals drei Minuten bei 180 °C.

Der amerikanische Autor Jeffrey Steingarten empfiehlt in seinem Buch ›The man who ate everything‹, die Kartoffeln in Rinder- oder Pferdefett zu frittieren. Obwohl die USA zu den größten Exporteuren von Pferdefleisch gehören, wurde sein Verlag danach des Öfteren »verbaler Grausamkeit gegenüber Pferden« bezichtigt. Die verbale Grausamkeit gegenüber Rindern löste keinerlei Reaktionen aus.

»Die Allée de Calese war früher wie ein Paradies auf Erden, gesäumt von Pflaumenbäumen (Renekloden, Aprikosenbäumen, Pfirsichbäumen), deren Zweige auf Krücken ruhten, weil sie so voller Früchte hingen.«

Jean Mauriac, Mauriac Malagar

Einige französische Spitzenköche, die im Ausland Karriere machten

Jean Claude Bourgueil

Im Schiffchen, Düsseldorf, RFA

geriet ins Gerede, als er im Stern öffentlich bekannte, den Geschmacksverstärker Monosodiumglutamat zu verwenden.

Franck Dangereux

La colombe, Cape Town, Südafrika

gilt als einer der größten Köche Afrikas.

Didier Corlou

Sofitel Metropole, Hanoi

kann nicht nur französisch kochen, sondern erkundet systematisch die vietnamesische Küche. Verlegt selbst erstklassige Bücher über Nuoc Nam oder verfeinerte vietnamesische Cuisine.

Jean-Paul Bondoux

La Bourgogne, Buenos Aires

Bondoux serviert viele klassische Spezialitäten aus Frankreich und – dem Namen entsprechend – regionale Gerichte aus Burgund. Zu seinen Erfolgsgeheimnissen gehört, in Sachen Fleisch auch argentinisches Know-how in die Küche zu integrieren.

Eric Ripert

Le Bernardin, New York

New Yorks führender Koch in Sachen Seafood.

Jean-Georges Vongerichten
Jean Georges

New York, Vong (rund um die Welt)
und andere

Globaler Chef, der seinen guten Ruf u. a. der gekonnten Vermählung europäischer und asiatischer Geschmackselemente verdankt.

Daniel Boulud

Daniel, New York

stammt aus der Umgebung von Lyon und kam in New York zu Ruhm und Erfolg. Versteht sich erstklassig auf die Verbindung französischer Technik und amerikanischer Zutaten (Erbsensuppe mit Räucherschinken und Krebsen aus Louisiana).

Michel und Albert Roux

The Waterside Inn, Bray on Thames

Die Roux-Brüder brachten 1971 französische Haute Cuisine nach Großbritannien. Heute servieren ihre Söhne eine sehr klassische, französische Küche (kleiner Steinbutt mit Hummermousseline und Sauce Nantua).

Jean-Louis Neichel

Neichel, Barcelona

kocht stark französisch orientiert (Langoustinos in Trüffelvinaigrette) in einem prestigeträchtigen Restaurant in Barcelona.

Jean-Louis Palladin

The Watergate, Watergate Hotel, Washington

War schon mit 30 im ›Table des Cordeliers in Condom en Armagnac‹ für Gerichte wie die dampfgegarte Ente mit Traubensauce bekannt. Palladin benötigte 500 g Trauben pro Entenportion. Ein Pionier französischer Küche in den USA, der sich auch bestens auf die guten Zutaten seines Gastlandes verstand. 2001 im Alter von nur 55 Jahren verstorben.

»Man säht also die Gemüse, die auf der ganzen Welt im Überfluss wachsen und die für das Volk genau wie für den König grünen.«

Columellus, De re rustica

Teure und überteuerte Restaurants

Im japanischen Restaurant Mibu an Tokios Ginza kostete das Menü 2006 etwa 1.500 $. Allerdings bewirtet Küchenchef Ishida pro Abend ganze acht Gäste mit erstklassigen Zutaten, kocht angeblich mit Wasser, das von Mönchen in heiligen Quellen gesammelt wird. Das Mibu ist sicher unerschwinglich, aber für seine Stammgäste ein fast spirituelles Erlebnis.

Für den Autor dieser Zeilen ist das überteuerteste Restaurant, in das er je einen Fuß gesetzt hat, das Pariser Arpège nahe dem Invalidendom. Das Interieur ist nicht gerade spektakulär, Platz bei Tisch ist knapp bemessen, der Service war zu uns als ausländischen Gästen von einer ausgesuchten, schwer zu übertreffenden Arroganz. Und die Küche? Es gab holzigen Spargel, eine gelungene Mischung aus Avocado-Mousse, Langustino-Tarama und französischem Kaviar (einzeln wenig beeindruckend, zusammen unschlagbar), bestens gegarten Steinbutt in ›Vin jaune‹ und arg gewürzdominierte Zwiebelravioli mit Datteln. Kein schlechtes Essen, aber auch keine denkwürdigen Gaumenfreuden. Weil das Arpège die Preise scheinbar im Quartalsrhythmus heraufsetzt, wird das Menü 2007 mit 340 Euro fakturiert.

Dafür gibt es folgende Gerichte:

Gefülltes Ei
Frühlingsaromen mit soufflierter Speckcreme
Radisotto mit Senf und Parmesan
Gemüse mit Argan-Öl und Koriander
Hummer mit Akazienhonig und Sherryvinaigrette
Steinbutt mit Gemüsen in Savagnin
T-Bone Steak vom Lamm mit Algen,
Meerschnecken und schwarzem Pfeffer
Käse
Desserts

Angesichts des dürftigen Ambientes, der Leistungen des Service und des Preises stellten wir uns hier stets die Frage, ob dies noch ein Menü oder schon ein kurzfristiges Investment mit limitierten Renditeerwartungen ist.

Das Preis-Leistungsverhältnis

Vom Kritiker Henri Gault stammt folgende Formel zur Ausrechnung des Preis-Leistungsverhältnisses:

$$A - [(n - y) \times B + C] = D$$

A = Realer Betrag auf der Rechnung des Restaurants	**n** = Note (von 100) hinsichtlich der Qualität	**y** = schlechteste Note (von 100) dieser Klassifizierung	**B** = Wert (in Währungseinheit) des Punktes (von hundert) in der Klassifizierung	**C** = Betrag auf der Rechnung des günstigsten Restaurants der Klassifizierung	**D** = Währungseinheit (positiv oder negativ) der Summe die zur Rechnung addiert oder von dieser subtrahiert werden müsste, damit die Qualität des Restaurants mit der Durchschnittsrechnung übereinstimmt

Diese Methode funktioniert nur bei Hitlisten (Beispiel: »Die 20 besten Restaurants von Paris«)

Ein Beispiel: Gault speiste im Hôtel de France in Auch für 248 Francs (A). Er bewertete es mit 84,6 Punkten (n). Das schlechteste Lokal seiner Klassifizierung war mit 83,7 Punkten benotet (y). Der Punkt von hundert entsprach laut Gault zum Zeitpunkt der Klassifizierung (1986) einem Wert von 45 Francs (B). Das günstigste Lokal fakturierte ihm 205 Francs für ein Menü (c). Nach Berechnung stellt sich heraus, dass ein Menü im Hôtel de Francs für seine Leistung damals zwei Francs zu teuer war.

Die Methode ist nicht fehlerlos und kann - strikt und todernst angewandt- zu kuriosen Resultaten führen. Im "Lou Mazuc", dem ehemaligen Lokal des Spitzenkochs Michel Bras betrug die durchschnittliche Rechnung 1986 rund 250 Francs. Laut Gault ist dies im Verhältnis zur Qualität 278 Francs zu günstig. Hat der Gast mit dem Verzehr also rein rechnerisch einen Gewinn erzielt?

Kreieren mit dem Zeichenstift

Kaum ein Koch kreiert am Herd. Die meisten Spitzenköche zeichnen ihre Spezialitäten, bevor sie sich zwischen Töpfe und Pfannen begeben. Ganz am Schluss entsteht eine Zeichnung für die *Mise en place*, die Präsentation des Gerichts. Die kann so ähnlich aussehen wie hier:

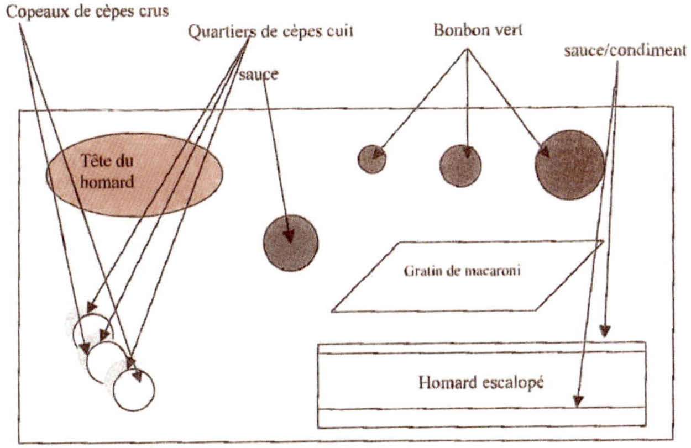

PRESENTATION DU PLAT DU HOMARD
THERMIDOR

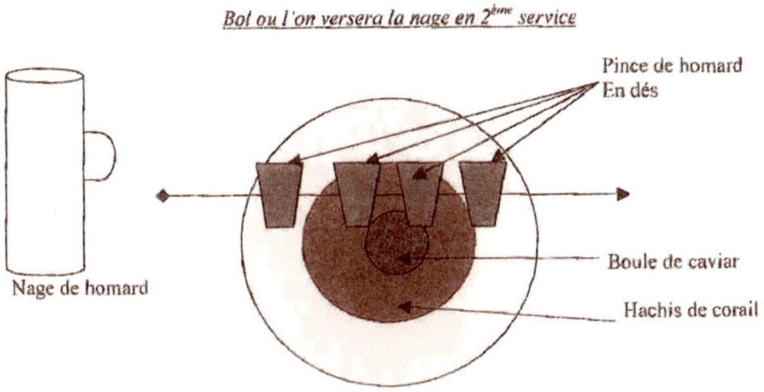

Zeichnung von Christophe Moret aus dem Lokal Alain Ducasse Paris zum Thema Hummer Thermidor

Früher Haute Cuisine, heute banal

Jedes Gericht, dass zur kulinarischen *Tour du Monde* antritt, endet als Cuisine-Parodie in besseren Eckkneipen: Carpaccio? Ursprünglich ein Gericht aus Harry's Bar in Venedig. Signore Cipriani hatte es so getauft, weil ihn die rote Farbe des Fleisches an das Rot in den Bildern des Malers Carpaccio erinnerte. Lachs in Sauerampfer? In den sechziger Jahren bei den Brüdern Troisgros noch ein Höhepunkt der Haute Cuisine, heute auch in Autobahnraststätten erhältlich. Lachs Carpaccio? In den sechziger Jahren mit Wildlachs ein revolutionäres Gericht im Le Duc in Paris, heute so banal wie ein Teller Tomate-Mozzarella. Seezunge mit Nudeln? Einst große Küche von Fernand Point. Artischocken mit Foie Gras? Sie machten die Spitzenköchin Eugénie Brazier bekannt und werden in deren Heimat Lyon heute in kleinsten Bistros serviert.

Die meisten großen Gerichte sind halt einfach. Und einfache Gerichte werden schnell nachgeahmt.

Besser kochen dank Wissenschaft?

Der Franzose Hervé This gilt allgemein als Erfinder der Molekularküche, als derjenige, der zuerst Kochen mit wissenschaftlichen Kriterien analysierte und die Resultate seiner Arbeiten dann am Herd umsetzen ließ. Dies ist schlicht falsch, der ›Vater‹ neuzeitlicher Wissenschaft in der Küche ist der Amerikaner Harold McGee, dessen Publikationen ein gutes Jahrzehnt vor den Büchern von This erschienen. Auch er hat das Genre nicht erfunden – dies aber auch nie behauptet. Schon bei Brillat-Savarin finden sich wissenschaftliche Betrachtungen zur Kochkunst.

Harold McGee garte nicht in flüssigem Stickstoff, hat Erfolge und Misserfolge am Herd berechenbar gemacht. Wenn der Braten nicht knusprig ist, wenn die Kruste der Crème Brûlée beim Durchschlagen mit dem Löffel nicht kracht, dann ist es Zeit, in seinen Werken nachzuschlagen:

Buchempfehlung:
Harold McGee, **On Food and Cooking,** Simon & Schuster, New York
Harold McGee, **The Curious Cook,** MacMillan, New York

Guacamole

Wer schon mal mexikanisch gegessen hat, wird Guacamole lieben. Eine Art Avocadopüree mit Tomate und Koriander. Nur leider wird auch aus der appetitlichsten Guacamole nach kurzer Zeit ein unverdaulich scheinender grüner Brei. McGee beobachtete, dass nur die äußere Schicht der Guacamole von der kuriosen Verfärbung betroffen war – und schraubte zwecks Überprüfung kurzerhand eine 40 Watt Glühbirne in die grüne Masse. Ergebnis der Versuchsreihe: Schon nach einer Stunde verfärbt sich Guacamole merklich, nur sorgfältiges Abdecken hilft dagegen. Avocados reifen bestens zu Hause bei Temperaturen zwischen 15 °C und 21 °C nach, danach kann man sie bei ca. 10 °C im Gemüsefach des Kühlschranks lagern.

Rezept:

4 Avocados
2 Tomaten
1 Limette
1 Bd. Koriander
1 rote Peperoni

Tomate in kochendem Wasser überbrühen, häuten, entkernen, in kleine Würfel schneiden. Peperoni entkernen und klein schneiden. Avocados vierteln, schälen, in kleine Würfel schneiden. Mit Limettensaft beträufeln. Koriander klein schneiden. Mit der Gabel zum Püree zerdrücken, salzen.

Sauce Béarnaise

Eigelb sorgt bei Béarnaise oder Sauce Hollandaise für die richtige Textur. Auch wenn Erhitzen der Viskosität der Proteine des Eigelbs einen ordentlichen Schub gibt, sollte man die Sauce nicht zu heiß werden lassen: Überschreitet man die magische Grenze von 71 bis 77 °C, scheinen sich Puddingfladen zwischen Butterfett zu bilden. McGee: »Man muss die Hitze kontrollieren, damit die Butter einheitlich schmilzt.« Hat man erst einmal Béarnaise oder Hollandaise im Topf, keinesfalls weiter erhitzen, sondern auf 49 °C heruntergehen.

Rezept Béarnaise:

200 ml Weißwein
200 ml Estragonessig
4 TL gehackte Schalotten
20 g gehackter Estragon · 10 g Kerbel
5 g zerstoßener Pfeffer · 1 Spur Salz
6 Eigelb · 500 g Butter
Etwas Cayenne-Pfeffer
1 TL gehackter Estragon
1/2 TL gehackter Kerbel

Weißwein und Estragonessig mit Schalotten, Kräutern, Pfeffer und einer Prise Salz zu zwei Dritteln einkochen. Abkühlen lassen, dann Eigelb hinzufügen und mit vorher aufgelöster Butter mit dem Schneebesen leicht aufschlagen. Die Sauce durchs Passiertuch streichen, abschmecken, mit Cayenne und den gehackten Kräutern würzen.

Die großen Köche von Paris

Französische Köche haben seit Jahrhunderten ihr Wissen schriftlich niedergelegt, während in anderen Küchen, etwa der italienischen, Wissen eher mündlich weitergegeben wurde. Und im zentralistischen Frankreich saßen die schreibfreudigsten Köche lange in Paris …

Guillaume Tirel genannt Taillevent

(1314–1395)

Im Dienste verschiedenster Adliger von Philippe de Valois bis Karl VI, wurde Taillevent durch sein Kochbuch ›Le Viandier‹ berühmt. Auch wenn Rezepte wie *Kastanien mit Eigelb, Schweinsleber, Safran* und *Pfeffer* uns heute eher perplex lassen, gilt dieses Werk sozusagen als Grundstein französischer Kochliteratur. Viel Gewürze und wenig Butter oder Fett scheint seine Küchendevise gewesen zu sein. Taillevent ist nicht verwandt oder verschwägert mit dem gleichnamigen Lokal.

Francois Vatel

(1631–1671)

Als treuer ›Intendant‹ des Prinzen von Condé war er weit mehr als ein Küchenchef, eher eine Art Hofzeremonienmeister. Der alternde Adlige, unter der Last der Schulden gebeugt, strebte danach endlich in der Gunst des Sonnenkönigs Ludwig XIV. zu steigen. Dem unglücklichen Vatel fiel die Aufgabe zu, im Château de Chantilly den gesamten Hof von Versailles in einem drei Tage und drei Nächte dauernden Bankett zu bewirten. Am dritten Tag trifft der Fisch nicht rechtzeitig ein – der stets qualitätsbewusste Vatel stürzte sich in sein Schwert. Der Nachwelt – also Essern wie uns – bescherte er angeblich die *Crème Chantilly*.

Antoine Beauvilliers

(1754–1817)

Der erste große Koch, dessen Kunst von breiterem Publikum goutiert werden konnte: Nicht weniger als 178 Gerichte bot er unter den Arkaden des Palais Royal an: *Kalbskotelett en papillotte, Sauerkraut, Hering in Senf, Rebhuhn mit Kohl, Ente mit weißen Rübchen*. Einen Ehrenplatz auf der Karte hatten die *Tourtes*, mit *Karpfenrogen, Schnepfen, Aal* oder *Stockfisch gefüllte Blätterteigkuchen*. Beauvilliers bestand darauf, seine Gäste persönlich zu beraten und paradierte gelegentlich mit umgeschnalltem Schwert durch den Saal.

Marie-Antoine-(Antonin) Carême

(1784–1833)

Der erste Self-Made-Man der französischen Küche wurde als jüngstes von 15 Kindern kurzerhand auf den Straßen von Paris ausgesetzt. Aus den Hinterhöfen der Garküchen brachte er es bis zum Lehrling der Patisserie Bailly, Lieferant von Talleyrand. Um deren pompöse Torten zu reussieren, studiert er u. a. Gravurtechniken und Architektur. Wenig später kochte er für Talleyrand selbst, Jahre darauf für alle großen Persönlichkeiten vom russischen Zar bis zu den Rothschilds. Der schreibfreudige Carême hinterließ eine halbe Bibliothek an eigenen Werken, darunter ›le Pâtissier royal parisien‹, ›le pâtissier pittoresque‹, ›le Maître d'hôtel français‹, ›le Cuisinier parisien‹, ›le Cuisinier français‹.

Adolphe Dugléré

(1805–1884)

Ein Stück Küchengeschichte sicherte sich Dugléré, Küchenchef des Lokals Aux Frères Provençaux und später des berühmten Café Anglais mit seiner *Sauce zur Seezunge:* Tomaten, Schalotten, Zwiebeln, Petersilie und Knoblauch. Prinzen, Botschafter und Grafen frequentierten das Lokal, das zu Duglérés Zeiten als das Beste der Hauptstadt galt, *Potage Germiny*, *Poularde Albuféra* oder *Pommes de terre Anna* standen auf der Karte. Alles Speisen, die man heute noch in traditionellen Restaurants findet.

Auguste Escoffier

(1846–1935)

Auch er ein Schöpfer der Nouvelle Cuisine – gewissermaßen. Escoffier entschlackte die komplizierten, saucenlastigen und monumental präsentierten Gerichte, die viele Köche im Gefolge Carêmes entwickelt hatten. Er war u. a. Küchenchef im Londoner Savoy und natürlich im Pariser Ritz. Neben Rezepten wie *Foie Gras mit Portwein*, *Rebhuhnsoufflé mit Trüffeln* und *Froschschenkeln in Weißweingelee mit Paprika*, die er als ›Nymphenschenkel im Morgengrauen‹ bezeichnete, verdankt die Welt dem Autor des ›Guide Culinaire‹ auch den heutigen Eisdielenklassiker *Pfirsich Melba.*

Le Grand Véfour:

»Nirgends bereitet man besser ein Sauté, ein Hühnerfrikassee Marengo, eine Geflügelmayonnaise.«, kommentierte Grimod de la Reynière, der Urvater aller Gastronomiekritiker, schon im 18. Jahrhundert die Küche. Seit 1760 ist Le Grand Véfour das schönste Restaurant von Paris: Über und über mit sorgfältig auf Seide gepinselten Figuren, Fresken und Blumengirlanden bedeckt, dazwischen Spiegel, prachtvolle Lüster, rote Bankette und natürlich der Königsblick auf die Gärten des Palais Royal.

Napoléon dinierte am Tisch Mitte Rechts mit Josephine, der Maler Fragonard starb hier am 22. August 1806 beim Eis essen, Georges Sand, Victor Hugo, Colette und Jean Cocteau waren Stammgäste. Von der glorreichen Vergangenheit blieben die Namensschilder hinter den Rückenlehnen, die den geneigten Essern verkünden, ob Georges Sand oder Victor Hugo vor ihnen hier Platz nahmen.

Le Grand Vefour, 17, rue Beaujolais, 75001 Paris

Lucas-Carton (Senderens)

Schon 1732 servierte ein junger Engländer namens Richard Lucas hier seinen Gästen kaltes Fleisch und diverse Puddings. Damals hieß das Lokal noch Taverne des Anglais, den Namen seines Gründers wurde ihm erst 1862 von einem französischen Nachbesitzer verliehen.

Am 10. November 1918 legten Clemenceau, Joffre und Pershing beim Frühstück im Lucas-Carton die Stunde des Waffenstillstands für den kommenden Tag fest. Stadtgeschichte bei Tisch, pures Jugendstilinterieur von Louis Majorelle inklusive. Das Lokal heißt heute Senderens, das Original-Interieur wurde leider durch allerlei graues Plastik verschandelt.

Lucas-Carton, 9, place de la Madeleine, 75008 Paris

L'Espadon im Ritz

Ritz hatte den Prachtbau 1896 als »Summum von Eleganz, Hygiene, Effizienz und Schönheit« geplant. Der Schweizer Hotelier, der während seiner Lehre soviel Geschirr zerbrach, dass sein Chef ihm riet, schleunigst den Beruf zu wechseln, wollte den Komfort des Londoner Savoy nach Paris bringen, ihn nach Möglichkeit noch übertreffen. Der 46-jährige César verlieh dem neuen Hotel, einem ehemaligen Bankhaus an der Place Vendôme 15, in aller Bescheidenheit seinen eigenen Namen und machte es zum modernsten seiner Zeit: Alle Zimmer wurden mit elektrischem Licht ›erleuchtet‹, später kamen sogar private Bäder hinzu.

Eine Neuerung, die das Misstrauen von Oscar Wilde erregen sollte: »Wer braucht schon ein Lavabo mit fließend Wasser. Ich klingele einfach, um Wasser zu bekommen, wenn ich es brauche.« Im Speisesaal wurde jeder zweite Stuhl mit einem kleinen Tragehaken für Handtaschen nachgerüstet.

César Ritz war der Meinung, dass jeder Wunsch des Gastes stets eine Pflicht sei. Das bringt uns zum Restaurant: Der legendäre Maître Olivier erfüllte hier um 1900 einem Gast den Wunsch nach vier Elefantenfüßen zum Abendessen. Marcel Proust etwa empfing seine Freunde mitten in der Nacht in einem Privatsalon – sein letzter Wunsch auf dem Sterbebett war »ein frisches Bier vom Ritz«.

15, place Vendôme, 75001 Paris

Ledoyen

Speisen auf historischem Boden: Ein gewisser Antoine Nicolas Doyen kam hier 1792 auf die Idee, seinen Gästen eine Speisekarte in heutiger Form anzubieten und erlöste die Menschheit damit vom Zwang zum Menü – oder zumindest von mündlich vorgetragenen Speisefolgen. Im 19. Jahrhundert war das Ledoyen nach Vernissagen der bevorzugte Treffpunkt des vornehmen Paris, berühmt für ›Lachs in grüner Sauce‹. In seiner jahrhundertelangen Geschichte haben das Ledoyen und sein Speisesaal im Empire-Stil etliche kulinarische Aufschwünge erlebt, mindestens ebenso häufig waren die Phasen der gastronomischen Bedeutungslosigkeit, in denen das Lokal mehr zum Feiern von Großvaters 80. Geburtstag denn zum fröhlichen Genießen geeignet war.

Ledoyen, carré Champs-Elysées,
75008 Paris

Drouant

Hier tagt die Jury des renommierten und hohe Auflagen garantierenden Literaturpreises ›Goncourt‹. Edmond de Goncourt stiftete ihn 1896 testamentarisch zum Andenken an seinen 1870 verstorbenen Bruder Jules: Jährlich sollte fortan das beste Prosawerk mit 5 000 Goldfrancs ausgezeichnet werden – wegen Inflation bleiben den heutigen Preisträgern gerade mal 50 Francs, rund 7 Euro. Von der Summe her kein Vergleich mit dem ›Grand Prix Paul Morand‹, der den Gewinner gute 300 000 Francs reicher macht. Selbst nicht mit dem Renaudot, bei dem die Jury den Gewinner zum Mittagessen einlädt – aber beim ›Goncourt‹ bringt es halt die Auflage. Die Juroren können sich über die Inflation jedenfalls nicht beschweren: 1915 vereinbarten sie mit dem Restaurant Drouant ein Festpreismenü, heute müssen die Literaten für die Speisefolge gerade noch 20 Centimes (drei Cent) bezahlen.

Andere Gäste müssen wesentlich tiefer in die Tasche greifen. Zumal die eigentliche Attraktion des Drouant die Literatenatmosphäre, das Interieur im Stil der dreißiger Jahre und die Privatsalons sind. Seit der Elsässer Antoine Westermann 2006 das Lokal übernommen hat, geht es auch kulinarisch wieder aufwärts.

Drouant Place Gaillon, 75002 Paris

Maxim's

Schon im 18. Jahrhundert gab es unter dieser Adresse den Eisladen ›Imoda‹. Dessen Spezialität war Kaltes auf Basis von Fleischjus. Am 14. Juli 1890 zerstörte ein wütender Mob das Eisgeschäft (ähnliche Ausschreitungen gibt es am Nationalfeiertag in Paris leider heute noch, wenn auch meist in gewissen Vorstädten). Die Freunde Maxime Gaillard und Georges Evernaert eröffnen 1893 hier ein Lokal namens »Maxim's et George's. Die Gäste bleiben aus, der Laden ist ein Flop. Georges zieht sich bald zurück. Gaillard stirbt 1895. Ihre Nachbesitzer Cornuché und Chauveau, ehemalige Maître d'Hôtels der Restaurants Durand bzw. Café Anglais ändern das Ambiente. Ab jetzt herrscht hier das Neueste vom Neuem, nämlich Art Nouveau. Architekt Louis Marnez verziert das Lokal mit Pflanzen, Nymphen, rotem Leder für die Stühle, kunstvoll gearbeitetem Kupfer. Der Rest ist Stadtlegende: Da gab es den berühmten Maître d'Hôtel Albert, nach dem ein Seezungenrezept benannt wurde, den Impériale genannten Saal, in dem sich manchmal die Größen des Pariser Lebens an einem Tisch trafen und, 1976, den Film ›Le chasseur de chez Maxim's‹ von Claude Vital, in dem ein Mitarbeiter des Lokals sich gegenüber seiner Familie für den Vorstand der Konservenfabrik Mercier ausgibt. Verlorenener Glanz!

Maxim's, rue Royale, 75008 Paris

Sandwiches, Burger und Fast Food großer Köche

Ferràn Adrià – Fast Good

Sanft tropft der Gorgonzala über den Burger, keck lugt etwas sonnengetrocknete Tomate unter dem Brot heraus. Wir sind im Fast Good, dem Adrià-Imbiss in der spanischen Hauptstadt, unsere Wartezeit betrug statt sechs Monate auf einen Tisch in Rosas gerade mal 20 Minuten. Dafür gibt es gar nicht mal schlechte Sattmacher wie *Italian-Burger* (100 Prozent Rind mit getrockneten Tomaten, Gorgonzola und Roquette-Salat), Pepita (Rind und Käse) sowie *Boccattinis* – kalte Sandwiches mit Truthahn und Tapenade. Gewürzt wird mit gutem Olivenöl, Balsamico oder Ketchup. Der Saal scheint der Fernsehserie ›Raumpatrouille‹ entlehnt, die Warteschlange ist so lang, dass mancher Burger vor dem Servieren erkaltet. Aber immerhin: Die Fleischklopse sind besser als beim Konkurrenten. Bestellt man einen Früchtesalat zum Dessert, kommen Fruchtwürfel und Saft getrennt – damit das Dessert nicht während der Wartezeit im eigenen Jus ersäuft. Der kreative Schöpfer erklärt gern, dass er acht Monate brauchte, um das richtige Frittenrezept zu finden, dass er am Versuch scheiterte, Hamburger aus feinstem Entrecôte zu schneiden und dass bei Fast Good täglich das Olivenöl gewechselt wird.

Fast Good, Calle Padre Damián 23, E-28036 Madrid

Sergi Arola – Paninoteca D'E

Auch der spanische Aufsteiger Sergi Arola setzt auf Fast-Food der besseren Sorte: Bei ihm gibt es Panini mit Zweigeln, schwarzen Trüffeln, Schinken und Piment oder ultradünne, zungenförmige Pizzen. Die Desserts hat er zusammen mit Star-Pitissier Paco Torreblanca konzipiert.

Calle Juan Bravo 12, Madrid (und viele weitere Filialen)

Daniel Boulud

serviert im DB Bistro Moderne in New York durchaus auch Burger. Mit 32 $ ist der zwar nicht unbedingt günstig, dafür besteht der Burger de Luxe auch aus dem geschmorten Fleisch der *Short Ribs*, vermischt mit Trüffeln und Foie Gras, bedeckt von Parmesan-Brot und stilecht in einer Tüte mit Fritten oder Pommes Soufflées serviert.

DB Bistro Moderne, 55 West 44th Street, New York, NY 10036

Alain Ducasse – Be

Spricht sich tatsächlich englisch, genau wie in ›To be or not to be‹, meint aber Boulangépicier, was man nur unvollkommen mit ›Feinkostbäcker‹ übersetzen kann. Letzterer sorgt für eben jenen Duft nach Olivenbrot, Nussbrot, Algenbrot, der hier durch jede Fensterritze dringt. Im Be mag es Stullen geben, aber bitte mit Stil. Das *Pan Bagnat* wird mit Fenchel, Gurke, Sellerie, Salat, Thunfisch, Anchovis, eingelegten Paprika und Wachteleiern serviert. Dazu sorgfältig zusammengestapeltes Nussbrot mit baskischem Schinken und Steinpilzkonfitüre zu Ibaiona-Schinken aus dem Baskenland. Und damit zu Haus kein Stilbruch entsteht, werden hier auch Foie Gras, Sardinen und Blutwurst in Dosen serviert.

Be – Boulangepicier, 73, boulevard de Courcelles, 75008 Paris

Antoine Westermann – Secrets de table

Wurde von Antoine Westermann vom Buerehiesel konzipiert und später einem seiner Söhne übergeben. Die Stullen, etwa mit Entenconfit und Zitrone, die überbackenen, kleinen Ziegenkäse oder das feierlich mit gekreuzten Zimtstangen angerichtete Birnendessert schmecken einfach. Das Geheimnis der Secrets de Table liegt im guten Brot, das extra für Westermann gebacken wird. Strikt nach dem Rezept eines Bäckers, dem man den Titel ›meilleur ouvrier de France‹ (bester Handwerker Frankreichs) verliehen hat.

Secrets de Table, 39, rue du 22 Novembre, 67000 Strasbourg

Marc Veyrat

verfügt über eine eigene Sandwich-Linie beim Unternehmen ›L'Affiche‹. Dort gibt es dann z. B. ein Duo aus Mozzarella-Mousse, Tomaten, Basilikum und Tapenade und einer weiteren Stulle mit Reblochon-Mousse, Tomate und Honig. Die schnellen Magenfüller werden nur ins Büro geliefert, eine eigene Verkostungsstube gibt es noch nicht.

Ein Menü bei Arzak

in San Sebastian

serviert am 3. April 1990 zu 5950 Pesetas

Mousse vom Drachenkopf
Gefüllte und frittierte Crêpetaschen
Gebratene Gambas mit Pflaumen und süßem Paprika
Gefüllte Morcheln in Trüffeljus
Frischer Lachs mit grobem Salz und Salat
Ragout von der Ente im Crêpeteig mit Sauce von Himbeeren und Orangen an Pinienkernen
Schokoladenkuchen, Käsekuchen & Sorbets von Himbeere und Pampelmuse

Ein weiteres Menü bei Arzak

diesmal serviert am 9. September 2004 zu 100 Euro

Viereck vom Bauchfleisch vom Bonito mit Mentholgräte
Camarones Express, im Apfeldampf gegarten Gambas
Chipirons (Tintenfischchen) in Tintensauce
Lamm mit Kaffee
Hamburger aus Schokolade

Die Küche von Arzak war Ende der 1980er/Anfang der 1990er Jahre noch stark an das französische Vorbild angelehnt. Inzwischen haben sich die Spanier emanzipiert, setzen auf eine Mischung aus traditionell inspirierten Gerichten und rigoroser Moderne. Einfach aber genial: Für den Apfeldampf der Gambas wird eine Espresso-Maschine mit Apfelsaft befüllt. Die Meerestiere werden unter der Dampfdüse gegart.

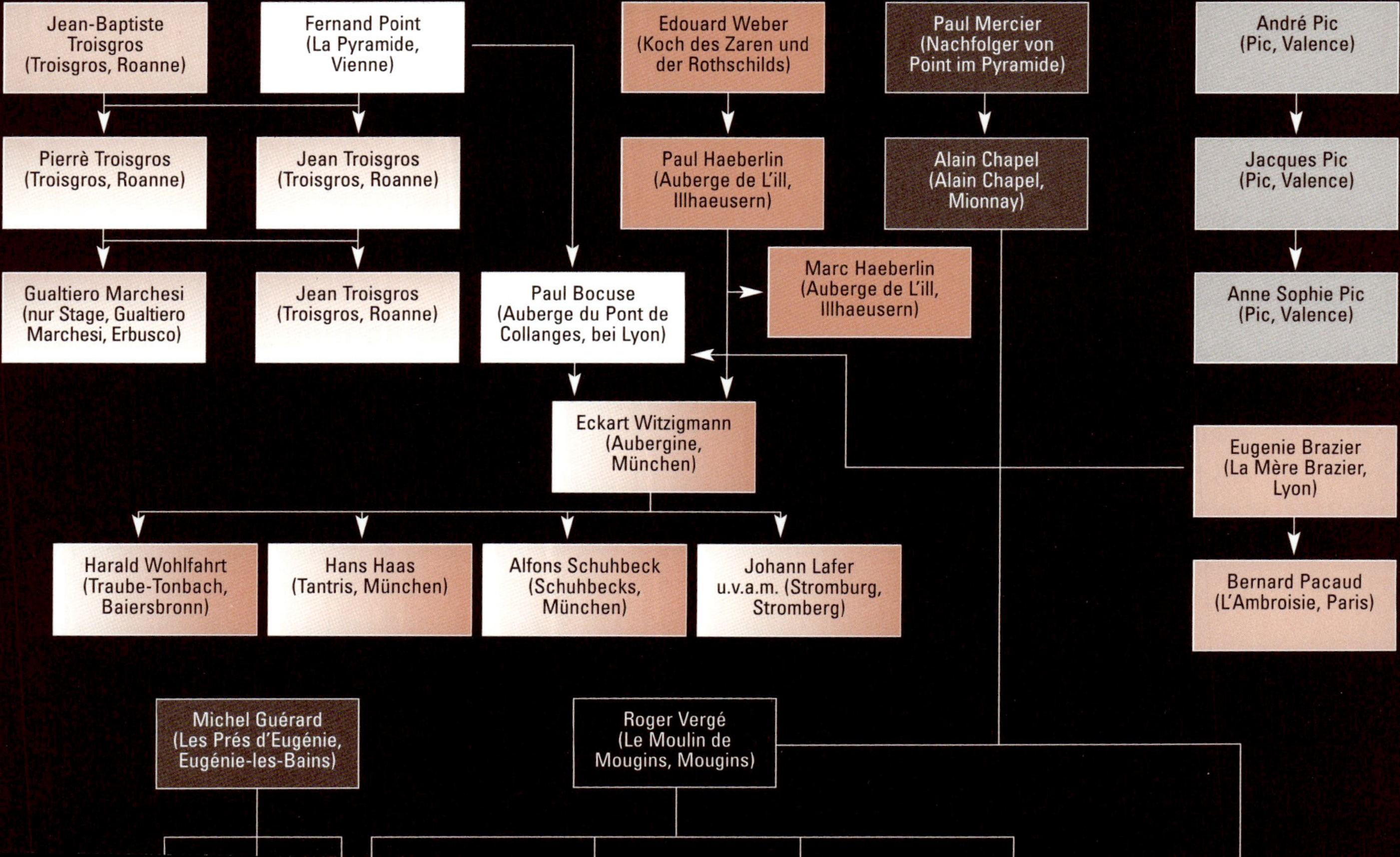

Jean-Baptiste Troisgros (Troisgros, Roanne)
Fernand Point (La Pyramide, Vienne)
Edouard Weber (Koch des Zaren und der Rothschilds)
Paul Mercier (Nachfolger von Point im Pyramide)
André Pic (Pic, Valence)
Pierrè Troisgros (Troisgros, Roanne)
Jean Troisgros (Troisgros, Roanne)
Paul Haeberlin (Auberge de L'ill, Illhaeusern)
Alain Chapel (Alain Chapel, Mionnay)
Jacques Pic (Pic, Valence)
Gualtiero Marchesi (nur Stage, Gualtiero Marchesi, Erbusco)
Jean Troisgros (Troisgros, Roanne)
Paul Bocuse (Auberge du Pont de Collanges, bei Lyon)
Marc Haeberlin (Auberge de L'ill, Illhaeusern)
Anne Sophie Pic (Pic, Valence)
Eckart Witzigmann (Aubergine, München)
Eugenie Brazier (La Mère Brazier, Lyon)
Harald Wohlfahrt (Traube-Tonbach, Baiersbronn)
Hans Haas (Tantris, München)
Alfons Schuhbeck (Schuhbecks, München)
Johann Lafer u.v.a.m. (Stromburg, Stromberg)
Bernard Pacaud (L'Ambroisie, Paris)
Michel Guérard (Les Prés d'Eugénie, Eugénie-les-Bains)
Roger Vergé (Le Moulin de Mougins, Mougins)

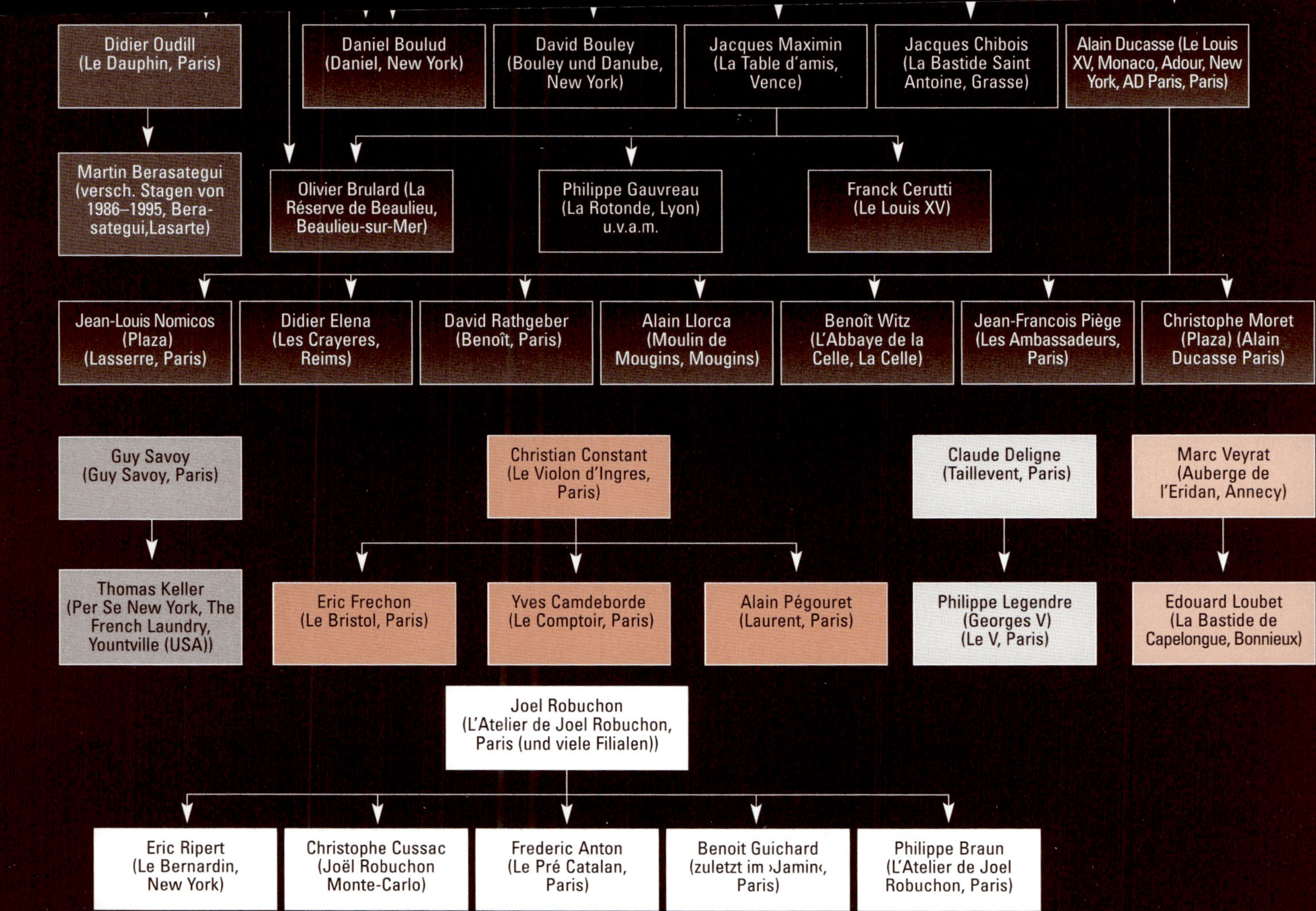
Didier Oudill (Le Dauphin, Paris)
Daniel Boulud (Daniel, New York)
David Bouley (Bouley und Danube, New York)
Jacques Maximin (La Table d'amis, Vence)
Jacques Chibois (La Bastide Saint Antoine, Grasse)
Alain Ducasse (Le Louis XV, Monaco, Adour, New York, AD Paris, Paris)
Martin Berasategui (versch. Stagen von 1986–1995, Berasategui,Lasarte)
Olivier Brulard (La Réserve de Beaulieu, Beaulieu-sur-Mer)
Philippe Gauvreau (La Rotonde, Lyon) u.v.a.m.
Franck Cerutti (Le Louis XV)
Jean-Louis Nomicos (Plaza) (Lasserre, Paris)
Didier Elena (Les Crayeres, Reims)
David Rathgeber (Benoît, Paris)
Alain Llorca (Moulin de Mougins, Mougins)
Benoît Witz (L'Abbaye de la Celle, La Celle)
Jean-Francois Piège (Les Ambassadeurs, Paris)
Christophe Moret (Plaza) (Alain Ducasse Paris)
Guy Savoy (Guy Savoy, Paris)
Christian Constant (Le Violon d'Ingres, Paris)
Claude Deligne (Taillevent, Paris)
Marc Veyrat (Auberge de l'Eridan, Annecy)
Thomas Keller (Per Se New York, The French Laundry, Yountville (USA))
Eric Frechon (Le Bristol, Paris)
Yves Camdeborde (Le Comptoir, Paris)
Alain Pégouret (Laurent, Paris)
Philippe Legendre (Georges V) (Le V, Paris)
Edouard Loubet (La Bastide de Capelongue, Bonnieux)
Joel Robuchon (L'Atelier de Joel Robuchon, Paris (und viele Filialen))
Eric Ripert (Le Bernardin, New York)
Christophe Cussac (Joël Robuchon Monte-Carlo)
Frederic Anton (Le Pré Catalan, Paris)
Benoit Guichard (zuletzt im ›Jamin‹, Paris)
Philippe Braun (L'Atelier de Joel Robuchon, Paris)

Ein Menü bei Michel Guérard

Kalter Braten von Gänsestopfleber und Linsensalat
Oreiller moelleux von Morcheln und Waldpilzen mit grünem Spargel
Hummer im Ofen geräuchert
Suprême von confierter und gebratener Jungente nach Mandarin-Art
Füllhorn von glasierten Früchten

serviert am 31. März 1990 zum Preis von 540 Francs

Der Großmeister und Erfinder der Nouvelle Cuisine in Hochform. Genial wie er dem Hummer Rauchgeschmack verlieh: Geräuchert wurde die Karkasse, nicht das Fleisch. Leider war das Dessert deutlich schwächer (und gewöhnlicher) als der Rest des Menüs. Noch heute stehen *oreiller moelleux* und Hummer auf der Karte, sorgfältig mit dem Datum ihrer Kreation versehen: 1978 und 1979.

El Bulli und die Dekonstruktion

Rosas, die Heimat des spanischen Kaisers der Köche, ist ein recht langweiliger Badeort an der Costa Brava, vor dessen Hauptstraße einige aufblasbare Gummisaurier im Wind nicken. Zum El Bulli wiederum führte früher noch ein kilometerlanger Feldweg, in dessen Schlaglöchern man Ersatzreifen versenken könnte; mit Holzbalken und Rauhputz, gemäßigt moderner Kunst und ein paar Heiligenbildern sowie Aussicht auf einen Badestrand, ist nicht mal das Lokal überaus spektakulär. Adriàs Kunst beruht auf dem Spiel von Aroma, Geruch und Präsentation sowie Konsistenz, Temperatur, Viskosität und Textur.

»Ich bin Autodidakt und dadurch keinem Meister verpflichtet«, erklärt Adrià seine Ideenvielfalt – und zuerst klingt das fast wie eine Entschuldigung: »Wir hingegen kreieren hier jedes Jahr um die 60 neue Gerichte.« Wenn er über diese Gerichte spricht, gebraucht Adrià oft die Worte Magie, Ironie und Humor. ›Magisch‹ ist für ihn seine *Erbsensuppe im Champagnerglas*. Unter den Erbsen lagert eine kalte Minzsuppe, mit jedem Schluck landen die beiden grundverschiedenen Temperaturen und Aromen auf der Zunge. Die Magie liegt natürlich darin, dass sich beide Suppen niemals und unter gar keinen Umständen vermischen dürfen – bei einem weniger begabten Koch würde dieses Gericht zur undefinierbaren Pampe. ›Ironisch‹ sind seine *Tagliatelle à la carbonara*.

Weil sie eben keine Tagliatelle, sondern hauchzarte Streifen von geliertem Trüffelöl sind und dennoch klassisch à la Carbonara angerichtet werden. Und den ›Humor‹ bietet sein kalter *Flan von Foie Gras*, erst salzig, dann süß-sauer und zum Schluss wie eine *Crème Caramel*.

Um in seiner Suppe Erbsen und Minze identifizieren zu können, braucht man nicht Stammgast der zwölf besten Lokale der Welt zu sein, selbst wenn der Meister Tintenfisch mit Kokosnuss füllt, bleiben die Aromen klar distinguierbar. Die ›dekonstruierten‹ Geschmackselemente finden bei seiner Küche erst im Mund des Essers wieder zu einem harmonischen Ensemble zusammen. »Ein dekonstruktives Gericht behält das Aroma seiner Zutaten, aber vertraute Elemente wie Präsentation oder Textur werden entscheidend geändert«, sagt Adrià. »Ein gutes Beispiel ist die banale Melone mit Schinken. Die serviere ich als Melonensuppe mit Schinkenbrühe und Schinkenscheiben. Jeder Gast empfindet die Aromen als vertraut, keiner kennt das Gericht.« Dabei ist Adrià kein Phantast, der in der Gluthitze einer Profiküche auf spontane Eingebungen wartet. »In Barcelona habe ich ein Atelier zum Auftanken und systematischem Kreieren. Jeder Architekt hat schließlich ein Atelier. In Rosas liegt die Produktion, im Atelier die Forschung. Anders macht man das bei Rolls Royce oder Ferrari auch nicht.«. Die 45 Plätze der Produktionsstätte sind permanent reserviert, 35–40 Cuisiniers werken nach Adriàs Anweisungen in einer Designerküche. Finanziert vom europäischen Inicon-Programm (www.inicon.net) und einer Sponsorengruppe profitierte das Restaurant auch vom Know-how des Bremerhavener Technologiezentrums ttz. Trotz spektakulärer Gerichte wird Adrià auch kritisiert: Weil die gute Grundzutat in seiner Küche nicht mehr die Hauptrolle spielt und weil Produkte der Chemieindustrie vielen Gerichten zu Form und Aroma verhelfen.

Whisky sauer de pasión
Sésamo garrapiñado
Cuchara de chicharrones
Crujiente andaluz
Crujiente de algas
Arroz salvaje
Almohadas de aceite de oliva
con sorbete de agua de tomate
Huevos caramelizados
El "corte" de parmesano

Sopa de guisantes a la menta
Polenta
Tagliatelle a la carbonara
Terrina de albahaca
Mejillones con litchis y fruta de la pasión
Tarta de manzana al falso tartufo
Semillas de pimiento padrón con tallarinas al "pil-pil"
Lenguas de pato con peras y litchis

Cigalas al natural con ajos
Sardinas al cassis y eucaliptus
Pato con vieiras vegetales y algas
Foie gras al caramelo

Sorbete de fresas con Campari y fishermans
Borracho de mandarina
Pequeñas locuras

Roses, 24 de Julio de 1999

Autodidakten

Jeder Lehrling weiß, wie er es zum großen Koch bringen kann: Man muss den Meistern der Zunft in die Töpfe schauen – ein paar Jahre bei Ducasse oder Dieter Müller, ein Abstecher zu Michel Bras nach Laguiole, sechs Monate beim großen Robuchon in Paris, dann Richtung Süden zu Ferràn Adrià oder eine kleine Stage bei Fulvio Pierangelini. Meistens ist die Bezahlung lausig, gearbeitet wird schließlich fürs Zeugnis und für die eigene Erfahrung, auch die Arbeitsbedingungen lassen schon mal zu wünschen übrig: Über einen hochangesehenen französischen Spitzenkoch kursiert das Gerücht, er ließe seine Jungköche missratene Speisen selber essen – vorzugsweise kiloschwere Töpfe mit Mousses oder Pürees.

Michel Trama vom L'Aubergade schaffte es in seiner Jugend nur mit Mühe, ein Schnitzel zu braten. Erst studierte er ein paar Semester Soziologie, stieg dann kurzfristig auf Kunst (Schwerpunkt Art Déco) um, und eröffnete irgendwann ein kleines Bistro in der drittklassigen Pariser Fressmeile Rue Mouffetard. »Wer nichts wird, wird Wirt«, mag er sich damals gesagt haben. Doch wie heißt es so schön: »Übung macht den Meister«. Nach ein paar Jahren am Herd, zwei (sehr kurzen) Stagen bei Maximin und Loiseau und einem Umzug nach Agen wurde der ›verkrachte Student‹ in allen Guides ausgezeichnet. Heute kopieren Köche aus halb Europa seine Gerichte, besonders das Rezept der Schokoträne mit Kirschfüllung ist im Kollegenkreis heißbegehrt.

Eine Ausnahme? Von den ca. zwanzig wirklich kreativen Köchen haben bestimmt vier oder fünf nicht im klassischen Sinn ihr Metier ›erlernt‹, unter den weniger prominenten Küchenkünstlern kann man den Anteil der Autodidakten nur grob auf 15 Prozent schätzen. Gerade in der Spitzengruppe sind die Autodidakten alles andere als Mitläufer, ihre freie, ungezwungene Küche mit vielen Ideen setzt vielmehr Maßstäbe für die gesamte Branche.

Michel Bras aus Laguiole in der Auvergne etwa ist in ganz Frankreich für seine unkonventionelle Kräuterküche berühmt. Wer die Speisekarte entziffern möchte, sollte sich mit einem botanischen Wörterbuch bewaffnen. Die unübersetzbaren Gerichte wie *pièce d'agneau de lait rôtie, son jus perlé au gras de jambon, boulgour au persil simple et cèbes de Lézignan* sind französischen Guides Höchstnoten wert. Seine Küchenkenntnisse gewann der junge Michel Bras nicht bei prominenten Kollegen, sondern am Herd der eigenen Mutter. Die bewirtschaftete eine zünftige Auberge, in der die Bauern der Region vor allen Dingen das *Aligot* (Kartoffelbrei mit Cantal-Käse) lobten. Das spanische Küchenwunder ist ein Resultat der Arbeit von Autodidakten: Weder Ferran Adrià, noch

Martin Berasategui oder Santi Santamaria hatten im üblichen Sinn bei großen Meistern gelernt.

Doch auch das Leben als Autodidakt hat Unannehmlichkeiten. Für Michel Bras war es die fehlende Anerkennung in seinen Anfangstagen: »Die Presse läuft Schülern von Troisgros oder Robuchon nach, für mich hat sich während 15 Jahre harter Arbeit niemand interessiert. Bis ich 1978 von Gault-Millau entdeckt wurde, hat sich kein einziger Journalist in mein kleines Dorf verirrt«.

Auch Antoine Westermann vom Buerehiesel in Straßburg war mit seiner Autodidakten-Karriere nicht immer zufrieden: »Ich habe die Kollegen beneidet, die das Privileg hatten, in großen Häusern zu lernen. Meine eigene Lehre fand im Bahnhofsbuffet von Straßburg statt. Ich war immer unsicher und wusste nicht, wie ich meine eigenen Küchenideen – die ich schon immer hatte – umsetzen sollte«.

Zu Anfang begnügte sich Westermann deshalb damit, im Buerehiesel Kuchen an Spaziergänger zu verteilen und warme Würstchen zu servieren. »Mein Weg zum Erfolg war länger als 24 Jahre, mit der richtigen Ausbildung hätte ich es sicher schneller geschafft. Aber zum Glück hatte ich schon immer einen enormen Willen, meine Ziele zu erreichen – und eine Mutter, die eine sehr gute Köchin war. Von klein auf war ich so an gutes Essen gewohnt. Eigentlich versuche ich, ein bisschen wie meine Mutter zu kochen, die Küche liegt mir sozusagen im Blut«, meint das neue Mitglied der Koch-Elite und zieht ein recht persönliches Fazit: »Wissen Sie, mit dem Kochen ist es wie mit dem Eislaufen. Lernt man es jung, ist alles Spiel und mit etwas Ausdauer wird man zum Könner. Will man es später erlernen, ist es harte Arbeit.«

Berühmte kochende Autodidakten

- **Raymond Thuilier,** Oustau de Baumanière, Versicherungsmanager
- **Olivier Roellinger,** Les Maisons de Bricourt, Chemiker
- **Marc Veyrat,** L'Auberge de l'Eridan, Skilehrer und Ziegenhirt, von allen Hotelfachschulen abgelehnt
- **Dr. Miguel Sanchez Romera,** L'Esguard, Neurologe
- **Heston Blumenthal,** The Fat Duck, Verkäufer von Büromaterial (Blumenthal arbeitete Jahre zuvor jedoch eine Woche im britischen Manoir aux Quat'Saisons bei Raymond Blanc)
- **Michel Bras,** lernte bei seiner Mutter
- **Santi Santamaria,** Can Fabes, Industriedesigner
- **Jean-Georges Klein,** L'Arnsbourg, Servierer im Lokal seiner Mutter

Alain Ducasse – der Koch als Manager

Michel Guérard, Roger Vergé, Alain Chapel – der junge Ducasse arbeitete bei den Größten seiner Zeit. Damals war er ein leicht unbeholfen wirkender Bursche, der sich hinter einem Rasputin-Bart verbirgt. Chefkoch des Hotel Juana in Juan-les-Pins wird er schon mit 25. Dort kocht er ganz und gar nicht wie in anderen Grand-Hôtels der Côte: Er lässt sich von provenzalischen und italienischen Rezepten inspirieren, versucht bäuerliche Gerichte mit höchster Perfektion zu verfeinern und tischt auch schon mal nur einen Teller Pasta mit (heute fast verschwundenen) Bärenkrebsen auf. Drei Jahre später überlebt er als einziger schwerverletzt den Absturz einer kleinen Chartermaschine in den französischen Alpen. Kollegen und Freunde verbrennen im Wrack, ausgerechnet ein gebrochener Gurt rettet Ducasse das Leben: Er wird aus der Maschine geschleudert, Krankenhaus und Reha-Klinik folgen, Kollegen aus der Branche beginnen, den Jungkoch abzuschreiben. »Damals habe ich gemerkt, wie unwichtig die Probleme des Alltags sind.« Ehrgeiziger, strenger und mit einer erhöhten Dosis Selbstdisziplin stürzt er sich in die Arbeit: 1987, mit 31, dann der Durchbruch. Der Bauernjunge aus dem Südwesten wird Küchenchef des weltbekannten Hôtel de Paris in Monaco.

»Im Kleingedruckten meines Vertrages stand eindeutig, dass ich innerhalb von vier Jahren drei Sterne im Michelin holen musste.« Alain Ducasse erfüllte die Lebensaufgabe anderer Köche in 33 Monaten, bleibt seinem Küchenkredo treu, und fast nebenbei lanciert er in ganz Frankreich die Mode mediterraner Küche. Bald gibt es Olivenöl, Rotbarben und sonnengetrocknete Tomaten von Rouen bis Toulouse. Mehr konnte ein Koch nicht erreichen – bisher nicht: Als der Pariser Spitzen-Cuisinier Joël Robuchon 1996 in Frührente geht, übernimmt Ducasse sein Haus und entwickelt für das neue Lokal einen neuen Stil mit klassischen Einflüssen.

Schnell haben beide Lokale Topnoten in allen Guides. Im Jahr 2000 schließlich New York: Ducasse klotzt Superlativen, will alles noch besser, größer, beeindruckender machen als in Monaco und Paris. 14 Messer zur Wahl für das Täubchen! Fünf Kugelschreiber von Montblanc bis Cartier für den Kreditkartenbeleg! Keine Doppelbelegung von Tischen wie in Amerika sonst üblich! Und ein Menüpreis, der auch zu Anfang schon 40 Prozent über der Konkurrenz liegt! Die amerikanische Presse deutet dies als typisch gallische Arroganz, das Lokal erntet vernichtende Kritiken und ist trotzdem Monate im Voraus ausgebucht.

Schließlich wieder Paris, Umzug des Toplokals ins noble, altehrwürdige Hôtel Plaza Athénée, Eröffnung September 2000. Inzwischen gehören zum Ducasse-Imperium Bäckereien mit Sandwiches zu vier Euro, urige Auberges, rustikale Bistros, Fusion-Food-Lokale, eine Brasserie in Las Vegas, ein Dessert-Restaurant, eine Kochschule, ein

Fortbildungsinstitut, die Reservierungszentrale der Hotelkette Châteaux et Hôtels de France, das Eiffelturm-Lokal Le Jules Verne und vieles mehr. Alles in allem erwirtschaftet seine Gruppe rund 100 Millionen Euro Umsatz.

Ein Erfolg, der auf drei Geheimnisse zurückgeht: Ducasse hat den Koch zum Consultant gemacht: Fuhren die Gäste von gestern Hunderte von Kilometern, um bei einem bestimmten Koch zu speisen, kommt der globale Chef von heute statt dessen zu ihnen, in die Metropolen der Welt. Und ist dennoch nirgendwo: Galt früher das Konzept, dass ein Koch hinter seinem Herd stehen muss, finden Gäste und Guides es inzwischen normal, dass der Meister um den Globus jettet, während sie speisen.

Ducasse versucht, kulinarisches Know-how durch Technik überall reproduzierbar zu machen. Stolz ist er auf das monegassische Rezept des Knusprigen Bauernspecks. Dafür wird die Schweinebrust 21 Std. bei exakt 61 °C gegart, die Ohren 36 Std. bei 85 °C, die Schulter 24 Std. bei 59 °C, der Kopf 36 Std. bei 68 °C und die Zunge schließlich 24 Std. bei derselben Temperatur – sous vide, also bei Unterdruck. »Hat der Koch das Rezept verstanden, kann es überall in gleicher Qualität gekocht werden.«

Und: Ducasse hat ein sicheres Auge für Talente. Seine Küchenchefs wie Franck Cerrutti, Christophe Moret oder der junge Benoît Rathgeber sind ihm in Nibelungentreue ergeben, machen es möglich, dass der Meister zwischen New York und Paris umherjettet, ohne das die Qualität leidet.

Der multiaktive Koch isst selbst eher bescheiden. Besuche bei den Kollegen macht er selten – lieber geht er in Auberges und Bistros mit guten Zutaten. Oder haut sich eine Rotbarbe in die Pfanne: »Frisch aus dem Mittelmeer – nicht geschuppt, nicht filetiert, nicht gewürzt, sondern im Naturzustand inklusive Innereien. Einfach auf dem Holzkohlengrill zubereitet. Sie ziehe ich jedem noch so raffinierten Gericht vor.«

Typische Sätze von Alain Ducasse:

»Kochen ist 95 % harte Arbeit und 5 % Genie.«

»Kochen ist 60 % gute Zutaten und 40 % Arbeit.«

»Mit dem richtigen Savoir-faire gelingt jede Küche – egal ob klassisch, italienisch oder mediterran.«

»Wenn man einen Markt gesehen hat, hat man ein Land verstanden: Struktur, Organisation, typische Gerichte und Aromen, Hygienestandards.«

Ein Menü bei Dr. Miguel Sanchez Romera

L'Esguard, Sant Andreu de Llanaveres

Meeresfrüchtemayonnaise mit Blüten in hauchdünn geschnittenem Rettich mit Rosenwasser
Foie Gras mit confierten Früchten und Curry-, Tandori- und Minzegelee
Küstensardinen auf Olivenpaste und Pimentjus mit Vanillemousseline
Jakobsmuscheln mit warmer Mayonnaise von weißer Schokolade und Tomatenmark
Reis Ambai Mar mit Algen und Austern
Seewolf mit geräucherter Meeresfrüchte-Mascarpone und Macis
Lammrücken mit Maispolenta und 30 Gewürzpunkten
Curry-Schokobonbon
Blumenmadeleine mit Ingwer, Safran und Orange

serviert im April 2005 für 80 Euro

Der Autodidakt Dr. Sanchez Romera zeigt, das kreative Gerichte auch ohne Lebensmittelchemie entstehen können. Seinen eigenen Stil hat er als Protest gegen den kreativen Mainstream kurzerhand Construccionismo getauft – Konstruktion statt Dekonstruktion. »Ein konstruktives Gericht baut auf bekannten Geschmackselementen auf und wird danach auf alle Sinne erweitert, also sehen, riechen, schmecken, tasten und hören.« Hören? »Das wichtigste Essorgan sind zunächst die Augen. Sie nehmen Kontakt mit der Nahrung auf, versetzen das Hirn in Freude, Erregung oder Alarm. Das Ohr hingegen hört nicht nur mit, wenn Hirschfilets verlockend in der Pfanne brutzeln, sondern übermittelt beim Kauen die Textur einer Speise. Knackig, knusprig, weich, das Ohr erkennt es in der Mundhöhle. Erinnern Sie sich nur an ungereinigten, sandigen Salat«, erklärt er.

»Der grüne Fluss schien wie ein Herbstgewitter auf die Mitte der Straße zu fließen, nahm delikate Perlfarben an, zartes Violett, Rosa mit Milchtönen, mit Grün getränktes Gelb «

Emile Zola, Der Bauch von Paris

Köche, die Imperien bauten

— **Wolfgang Puck,** USA, (Spago, Lupo, Postrio, Granita, Chinois, Vert sowie Schnellrestaurants unter dem Namen »Wolfgang Puck Express«)

— **Roy Yamaguchi,** USA, (Hawaian Fusion in 34 Roy's Restaurant)

— **Todd English,** USA (Todd English, Bluezoo, Bongfire, Fish Club, Olives, Tuscany, Figs, Kingfish Hall u.v.m. – das Restaurant Todd English befindet sich auf der Queen Mary 2)

— **Jean-Georges Vongerichten,** USA, (Vong, Nougatine, Spice Market, Dune auf den Bahamas und Market in Paris u.v.a.m.)

— **Alain Ducasse,** Frankreich, (3 Signatur-Lokale, Spoon, Auberges, Be-Sanwiches, Tamaris-Dessertrestaurant)

— **Nobu Matsuhisa,** USA, (Nobu, Ubon, Matsuhisa in den USA und Großbritannien)

— **Jacques & Laurent Pourcel,** Frankreich, (1 grand restaurant compagnie die comptoirs, Sens, auch in China vertreten)

— **Hiroyuki Hiramatsu,** Japan, (in Japan und Paris, dazu Beteilungen an den Lokalen frz. Top-Köche wie Jean-Georges Klein und Frères Pourcel in Japan)

— **Paul Bocuse,** Frankreich, (Top-Restaurant, Brasserien und eine Rôtisserie, dazu kommt noch ein Lokal, das ausschließlich für Empfänge geöffnet wird)

— **Georges Blanc,** Frankreich, (ein Top-Lokal, dazu Auberges, Bistros und Brasserien in Lyon und Burgund)

— **Joël Robuchon,** Frankreich, (Eröffnungen von Ateliers de Joël Robuchon rund um den Globus)

Die Bistro-Generation

Geeiste Nage von Venusmuscheln mit jungen Gemüsen, Gelee von der Seespinne mit Zucchinimousseline, Tournedos-Rossini vom Salers Rind, zubereitet vom ehemaligen Sous-chef eines Pariser Grand-Hôtels. Das klingt nach den Gaumenfreuden der Grande Cuisine, nach Christofle-Silber und Riedel-Gläsern, nach Kerzenschein und schwarz gewandeten Maître d'hôtels – und nach einer schweren Belastung für die Reisekasse. Den Kerzenschein gibt es gratis; wer im Comptoir du Relais jedoch das genannte Menü bestellt, muss auf Silber, Kristall und Service in Schwarz verzichten. Zum Ausgleich gibt es Venusmuscheln, Seespinne und Rossini für 45 Euro. In Paris, wo selbst der tiefgefrorene bis vakuumverpackte Gaumengraus riesiger Brasserien selten unter einem ausgewachsenen Hunderter zu haben ist, ein ausgesprochenes Schnäppchen und trotzdem keine Rarität. Die Wirtschaftskrise der letzten Jahre hat ihre Kinder nämlich an den Bistroherd entlassen: Mit den urigen Kleinstlokalen, in denen einst joviale Wirte zu Musette-Musik Eier in Mayonnaise und Wurstsalat auf rot-weiß gestreifte Tischdecken schoben, hat das Bistro von heute freilich nur noch den Namen gemeinsam: Der aufstrebende Bistrokoch von heute ist zwischen 28 und 39, hat sein Handwerk in Top-Restaurants gelernt und lockt mit einer Prise Haute Cuisine für wenig Geld. Er spart am Mobiliar, an Porzellan und Blumenschmuck – aber niemals am Essen. Inox statt Christofle, kumpelhafte Kerls am Tresen statt frisch gefönter Herren in Schwarz, freundliche Wirte statt Starköchen mit den Allüren des gallischen Gockels. »Wir sind echte Krisengewinnler« freut sich Yves Camdeborde, der früher im renommierten Hôtel de Crillon arbeitete, mit seiner Régalade das erste wirklich erfolgreiche Néo-Bistro schuf und jetzt das Comptoir betreibt. »In den erstklassigen Lokalen unserer Lehrzeit haben wir nicht nur Kochen, sondern auch Disziplin gelernt, fast wie in der Armee. Der Schwund der Spesenesser hat uns nicht nur gezwungen, unser Können günstig anzubieten, durch die allgemeine Krise konnten wir auch unsere eigenen Lokale zu moderaten Preisen erwerben und müssen die Gäste nicht für unsere Schulden zahlen lassen.« Die Idee von der guten Küche zu erschwinglichen Preisen ist nicht neu und stammt ursprünglich von etablierten Starköchen: Cuisinier Michel Rostang eröffnete vor Jahren sein erstes Bistrot d'à Côté mit den Lieferanten des grand restaurant und einem seiner begabtesten Schüler am Herd. Den jungen Köchen sind die Sterne schnuppe: »Für solche Auszeichnungen braucht man Luxus. Nur wegen einer punktgroßen Rosette in einem Führer wollen wir keine Kredite aufnehmen.« Für die Konkurrenz, die zwar Service und Ambiente, aber nicht immer bessere Küche bietet, wird die Lage allmählich eng. Mehr als 50 kleine Lokale mit guter Küche zu Sparpreisen haben sich inzwischen in Paris etabliert, neue Guides führen durch Lokale mit Menüs zu weniger als 30 Euro –

und noch ist kein Ende des Bistro-Booms abzusehen. »In Zukunft wird es nur noch unsere Kleinstrestaurants und die wirklich erstklassigen Etablissements geben«, behauptet Camdeborde. »Die Top-Klasse für Feiern, Feste und große Gelegenheiten, unsereins für den Alltag.«

Ein Menü bei den Juan Roca

El Celler de Can Roca, Girona

Feigen mit Foie Gras und Pedro Ximenes Gelee
Carpaccio vom Schweinsfuß mit Steinpilzvinaigrette
Muscheln mit Süßkartofeln und Bergamotte
Überbackener Kartoffelbrei mit Kalmaren
Seewolf mit Estragon-Emulsion und Zitronenkonfitüre
Reis mit Seeigeln und Blutwurst
Confiertes Milchschwein mit karamellisierter Schalotte und Orangen
Foie Gras mit Rosen- und Litschigelee, Gewürztraminersorbet
Eternity frei nach Calvin Klein
(Mandarine, Orange, Bergamotte, Basilikum, Vanillejoghurt, Orangenblütengelee)
Die Reise nach Havanna
(Mojito-Biskuit mit Minzgranité und Zigarre mit hausgeräuchertem Vanilleeis)

genossen am 7. November 2002 zu 85 Euro

Ausnahmeküche in der spanischen Provinz: Joan Roca hat vor allem drei Inspirationsquellen: die Suche nach der perfekten Garung, die regionale Küche und die Aromen der Natur. Fische werden bei 50 °C, Fleisch bei 70 °C gegart. Gerichte wie die Venusmuschel mit Süßkartoffeln und Bergamotte-Mousseline, der Kartoffelbrei mit winzigen, aber aromatischen Stücken vom Calamar oder Reis mit Langustinos, Hahnenkämmen und Comté-Käse entstammen direkt dem katalanischen Repertoire: »Die Mischung von Fisch und Fleisch, von süß und sauer gibt es bei uns seit jeher.«

Und: Die Rocas versuchen häufig, Aromen der Natur oder der Umgebung in der Küche nachzuahmen: »Unsere Kräutersuppe duftet für mich wie ein Sommerspaziergang auf einer Wiese«. Joans Bruder Jordi empfindet mit Früchten und Blüten ganze Parfums nach. Im Sommer wird Minzgranité, Melone, Zitronen- und Ahornsirup, Orangenblüten, Eukalyptus und Mohn zum kulinarischen Doppelgänger von Woman aus dem Hause Ralph Lauren.

Austern mit Sauce nach Art der Hallen

Die Fischhändler der Pariser Hallen sollen diese Sauce erfunden habe, die 1920 erstmals beschrieben wurde.

Für 4 Personen

24 Austern
20 cl Rotweinessig
80-100 g Schalotten
1/2 TL grob gemahlener Pfeffer

Schalotten schälen und sehr fein hacken. In eine Saucière geben. Pfeffer und Rotweinessig hinzugeben und mindestens 12 Stunden ziehen lassen.

Die Austern öffnen. Jeder Gast bedient sich ›nach Wunsch‹.

Schon 1920 erkannte die ›Association des gastronomes régionalistes‹ übrigens, dass sich diese Sauce vor allem an Menschen richtet, die »Austern mögen, ohne aber wahre Austernliebhaber zu sein.« Puristen ist die Sauce nämlich bis heute ein Gräuel.

Frauen an den Herd!

Im 19. Jh., als sich der Berufsstand des Kochs herausbildete, gab es wesentlich mehr Frauen als Männer am Herd. Sie gehörten zum Hauspersonal und kochten teilweise sehr gut. Sie hatten eben das Wissen ihrer Mütter geerbt. Das 19 Jh. ist die Epoche der ›Cordon bleus‹, der exzellenten Köchinnen (Anmerkung: Noch heute lautet ein französisches Kompliment für eine gute Köchin: »Sie sind ein richtiger Cordon bleu.«). Der Kritiker Curnonsky, mit bürgerlichem Namen Maurice Edmond Sailland, schreibt über Marie Chevalier (Anmerkung: die Hausköchin der Saillands), dass sie eine der perfektesten Cordon bleus war, die er gekannt hatte und präzisiert in seinen Memoiren: »Sie hatte die Küche weder in Schulen noch Büchern gelernt. Sie kannte sie seit ihrer Geburt, so wie ihre Mutter und Großmutter ... wie zwanzig Generationen guter Haushälterinnen sie gemacht hatten.«

Die Köchinnen arbeiteten in Haushalten, die Männer in Restaurants. Carême, einer der allergrößten Köche, war wie die Frauen Hauskoch bei den Rothschilds. Erst in der zweiten Hälfte des 19. Jh. organisieren sich die Köche, wollen eine wirkliche

Ausbildung entwickeln. Sie bezeichnen sich als ›Mediziner des Magens‹ und entwickeln eine gewisse Frauenfeindlichkeit. Schon 1883 heißt es in der Revue Art Culinaire, dass Frauen keine Haute Cuisine kochen können. Aber Haute Cuisine, das war damals eine fast architekturartige Kochkunst, mehr zum Anschauen als zum Essen. Kurz: Die Männer hielten sich für Künstler, die Frauen kochten rustikal.

Die ersten Schritte in der Ausbildung waren nicht sehr erfolgreich, egal ob für Frauen oder Männer. 1892 musste die Ecole professionnelle de cuisine et des sciences alimentaires (Berufsschule für Küche und Wissenschaften der Nahrungsmittel) nach nur einem Unterrichtsjahr schließen. Die Köche wollten ihre Lehrlinge dort nicht hinschicken, weil sie die günstigen Arbeitskräfte nicht verlieren wollten. Für Frauen stand eine simple Küche mit »unseren Nationalgerichten« auf dem Lehrplan. Und das Nationalgericht par excellence war das Pot-au-Feu. Ausdrücklich war den Damen die ›Hausfrauenküche‹ vorbehalten, die als simplifizierte Kochkunst angesehen wurde.

Im Frankreich der dreißiger bis fünfziger Jahre bestimmten die ›kochenden Mütter‹ trotzdem das kulinarische Geschehen. Der junge Alain Chapel hatte gerade den Herd seiner Mutter, der Mère Charles, übernommen. In Cannes entzückte die Mère Besson die Feinschmecker mit ihren Krebsklößchen, Meeresfrüchtegratins und gefüllten Kaninchen. Das Pariser Prestigebistro Allard verfügte gar über eine ausschließlich weibliche Brigade, in der Männer höchstens als Lehrlinge (und als Restaurantbesitzer) geduldet waren. Marie Bourgeois im winzigen Dorf Priay war berühmt für Krebsklöße und Bressegeflügel in Seyssel-Wein. »Das Hotel Bourgeois ist eines der Zentren der Küche dieser Welt« schrieb der damals hochbekannte Kritiker Maurice Edmond Sailand, genannt Curnonsky. Die legendäre ›Mère Brazier‹ kämpfte in Lyon mit der Mère Guy um den Titel des besten Restaurants der Stadt. Eugénie Brazier, selbst bei der kochenden Mère Fillioux ausgebildet, schwor auf simple, klassische Genüsse: Artischockenböden mit getrüffelter Foie Gras, Langustinos mit Mayonnaise und Geflügel in Halbtrauer, also mit Trüffeln unter der Haut. Paul Bocuse und Bernard Pacaud (Le'Ambroisie in Paris) lernten bei ihr. 1953 lehnt Mutter Brazier das Angebot ab, die berühmteste und reichste Köchin ihrer Zeit zu werden: Für das nicht nur damals immense Jahresgehalt von 150 000 $ sollte sie die Küche des Waldorf Astoria in New York leiten. Alles Vergangenheit, passé: Nach dem zweiten Weltkrieg wurde die Top-Gastronomie zum Männerbund, zur kochenden Verbindung, bei der die ausbildenden Altstars den Nachwuchs zu Presseruhm und guten Posten verhelfen. Rein statistisch sind derzeit nur noch etwa 1 Prozent aller Küchenchefs Frauen. Erst in den letzten Jahren drängen die Damen wieder an den Herd.

Einige große Köchinnen

Elena Arzak

»San Sebastian ist eine kleine Stadt, in der die Bewohner gewohnt sind, für wenig Geld gut zu essen«, sagt Elena in fließendem Deutsch. Ihr Vater Juan Mari Arzak war über Jahrzehnte ein Monument der spanischen Küche, lange Zeit der einzige Iberer von Rang in der Welt der Grande Cuisine. Einer, der es sich hätte leisten können, bis zum letzten Tag am Herd seine Klassiker vorzusetzen. Jetzt steht Tochter Elena mit ihm am Herd, experimentiert mit Gartechniken, neuen Ideen, neuen Aromen.

Arzak, Alto de Miracruz, 21, San Sebastian-Donostia, Guipúzcoa

Annie Féolde

Féolde vereint die guten Zutaten der Toskana und den französischen Sinn für Finesse. Sie stammt ursprünglich aus Nizza, ihre Menüs springen vom Raffinierten zum Rustikalen.

Enoteca Pinchiorri, Via Ghibellina 87, I-50122 Firenze

Johanna Maier

Küchenchefin Maier gehört zu Österreichs Spitze. Ein Wildbach und zwei Seen liegen neben dem Restaurant, kein Wunder, dass der Fisch zu ihren besonderen Stärken zählt.

Hubertus, Am Dorfplatz 1, A-55 32 Filzmoos

Nicole Fagegaltier

Übernahm das alte Familienlokal im französischen Aveyron direkt nach der Hotelfachschule, ganz ohne Lehre in einem Grand Restaurant. In einem 60-Seelen-Dorf bei Rodez wagt sie mit Schwester Michelle und Ehemann Bruno den Spagat zwischen Moderne und Tradition, serviert Raviolo von Auster und feinen Würfelchen von Kalbsfuß oder Aubergine, wie ein Butterbrot mit Anchoviscreme bestrichen und mit Lammbries und buntem Gemüse der Saison belegt.

Restaurant du Vieux Pont, F-12390 Belcastel

Anne-Sophie Pic

Großvater André Pic war in den dreißiger Jahren ein legendärer Koch. Vater Jacques brachte es in den Siebzigern zu Ruhm. Bruder Alain war nie so bekannt wie Vater und Großvater und schien unter dem berühmtem Erbe eher zu leiden. Irgendwann knallte er die Küchentür des noblen Familienrestaurants zu, um in einem kleineren, bescheideneren Lokal zu kochen. Jetzt hält Anne-Sophie das kulinarische Erbe der Pics in Ehren. In Sachen Cuisine ist sie eine Autodidaktin. Aber kochen kann sie, auch ohne die klassische Ausbildung, ohne die Tour von Herd zu Herd. Madame Pic ist höchst kreativ und wohltuend bescheiden.

Pic, 285, avenue Victor Hugo, F-26000 Valence

Carme Ruscalleda

Katalanien ist reich an guten Köchen. Carme Ruscalleda gehört zu den allerbesten, spielt mit Konsistenz und Temperatur oder frischt Regionalgerichte auf.

Sant Pau, Nou 10, E-08395 Sant Pol de Mar

Nadia Santini

Wo, wenn nicht in Italien rechnet man noch fest damit, dass La Mamma am Herd steht, um jeden Gast liebevoll nach alten Hausrezepten zu bekochen. Wenn Nadia Safranreisrisotto und Tortelli von Ziegenkäse mit weißen Trüffeln auftischen lässt, dann ist dies sozusagen die De-Luxe-Ausgabe der Gerichte von La Mamma aus der Trattoria. Anders als andere Köchinnen will die bescheidene Herddame die Haute Cuisine von heute nicht revolutionieren – ihr reicht es einfach nur sehr gut zu kochen. Wenn sie nicht am Herd steht, vertreibt sie sich ihre Zeit mit Kunststickerei. »In meinem Elternhaus – ich bin Jahrgang 1954 – gab es bis Ende der siebziger Jahre keinen Fernseher. Unsere abendliche Unterhaltung bestand aus Stickereien mit der Großmutter.«

Dal Pescatore, Loc. Runate 17, Canneto, I-46013 Mantova

Sissi Sonnleitner

Ein kulinarischer Spaziergang von Österreich bis Italien, eine Fusion von Aromen aus Austria und Italia. Gastfreundliches Preis-Leistungsverhältnis.

Landhaus Kellerwand, Mauthen 24, A-9640 Kötschach-Mauthen

Luisa Valazza

Signora Valazza, studierte Literaturwissenschaftlerin, kam eher zufällig zum Kochen: Nach nur drei Monaten kündigte der Küchenchef im Restaurant ihres Mannes. Heute feiert sie Triumphe mit behutsam modernisierter Regionalküche.

Al Sorriso, via Roma 18, I-28018 Sorriso

Lisl Wagner-Bacher

Eine der besten Köchinnen Österreichs findet man in der Wachau: Regional inspirierte Rezepte mit einer Prise Italien.

Landhaus Bacher, Südtiroler Platz 2, A-3512 Mautern

Alice Louise Waters

Sie gehört zu den Urheberinnen des amerikanischen Küchenwunders der letzten Jahre, und wird als Erfinderin einer California Cuisine gerühmt. Waters schwört seit 1971 auf lokale Zutaten – nicht nur wegen der Frische, sondern auch um die Umwelt von überlangen Lebensmitteltransporten zu verschonen.

Chez Panisse, 1517 Shattuck Avenue, Berkeley, Kalifornien

»Der beste Tisch ist immer der, an dem ich sitze.«

Barbara Hutton, selbstbewusste Woolworth-Erbin

Einflussreiche Fernsehköchinnen

Wenn es darum geht, Fernsehzuschauern Rezepte nahe zu bringen, kann kein männlicher Spitzenkoch mit den Damen mithalten. Verglichen mit Harumi Kurihara ist selbst Jamie Oliver ein Ladenhüter.

— **Sara La Fountain,** Helsinki, ist in ihrer Heimat ein Star und hat am CIA in den USA kochen gelernt. Die finnische Rockband Firenote hat der blendend aussehenden La Fountain ein schlüpfrig-schmeichlerisches Lied gewidmet. Aber: Sara kann tatsächlich kochen.

— **Cornelia Poletto,** Gastköchin für den NDR und Kerners Kochshow im deutschen TV. Betreibt ein erfolgreiches Restaurant in Hamburg.

— **Choumicha** präsentiert eine außerordentlich erfolgreiche Kochsendung in Marokko, publizierte mehrere Bücher und ein Magazin und ist auf dem Weg zum Werbestar.

— **Nigella Lawson:** Die Tochter des konservativen Ministers Nigel Lawson brachte es in Großbritannien mit einer Fülle von Kochsendungen zur Millionärin.

— **Harumi Kurihara** hat sich in Japan ein wahres Reich aus TV-Sendungen, Kochbüchern und -magazinen aufgebaut. Ihre Verkaufszahlen liegen in zweistelliger Millionenhöhe, sie verfügt über einen Sponsorenpool von Shiseido bis Nissan.

— **Jennifer Paterson und Clarissa Dickson Wright (Two Fat Ladies).** Diese kultige Kochshow lief 1996-98 auf BBC 2. Zum Erfolg trug bei, dass die beiden älteren Damen auf einer Triumph Thunderbird mit Beiwagen durch Großbritannien knatterten.

— **Julia Child:** Nur wenige Menschen haben so viel zur Verbreitung französischer Küchenkultur beigetragen wie die 2004 verstorbene Julia Child. Die Bestsellerautorin brachte es im November 1966, als gute Küche noch nicht unbedingt ein weltbewegendes Thema in den USA war, auf das Cover des Time Magazine. Angeblich war ihre letzte Mahlzeit eine französische Zwiebelsuppe.

Das erste Multimedia-Kochbuch

eines großen Kochs stammt von 1959. Der Franzose Raymond Oliver, damals im Pariser Lokal Le Grand Véfour tätig, gab die Rezepte für *Béchamelsauce*, *Sauce Mornay*, *Käsesoufflé* und *Garnelsensuppe*. Beigelegt waren dem ersten Band der Reihe ›Cuisinorama‹ vier kleine Schallplatten mit der Stimme des Meisters. Der Verkaufspreis lag bei 500 alten Francs.

Küchenchefs, die ihre Sterne zurückgaben

Alain Senderens, Lucas Carton: Erklärte, er sei jetzt »zu alt für das Schalottenrennen«. Der Mitbegründer der Nouvelle Cuisine war es »satt, vier Angestellte um einen Tisch stehen zu haben« und wollte, dass bei ihm »wieder die Gerichte im Mittelpunkt stehen, maximal für 100 Euro Menüpreis pro Person«.

Joël Robuchon, Paris: Verlangte, dass seine Lokale in Paris und Monaco nicht bewertet werden, weil sie »nicht den Luxuskriterien des Guide entsprechen.«

Philippe Gaertner vom Traditionshaus Aux Armes de France in Ammerschwihr, besternt seit 1938, analysierte: »Hohe Personal- und Materialkosten, die sich nur bei ausreichender Klientel lohnen«.

Gérard Cagna vom Zwei-Sterne-Haus Relais Sainte Jeanne in Cormeilles-en-Vexin bat um Aussetzung seiner Bewertung, »um meinen Kindern den Raum zu geben, sich in dem Restaurant frei zu entfalten.«

Antoine Westermann vom Straßburger Buerehiesel gab Ende 2006 seine Sterne zurück, »um meinem Sohn unbeschwertes Arbeiten zu erlauben. Ich möchte nicht, dass er bis ans Ende seiner Tage meine Spezialitäten nachkochen muss.«

Nach neuerer Lesart gehören »die Sterne nicht den Köchen, sondern dem Guide Michelin. Sie können deshalb nicht zurückgegeben werden.« Dies zumindest bricht mit einer alten Tradition: Als Louis Vaudable 1978 erfuhr, dass sein Maxim's künftig nicht mehr mit drei Sternen gesegnet sein würde, bat er die Direktion des Guide, das Lokal nicht mehr zu listen. Ein Wunsch, dem der Führer bis heute jedes Jahr gern entspricht.

Der Mann, der das Schweigen der Schlemmer brach

»Ein Drittel der französischen Drei-Sterne-Restaurants sind ihre Auszeichnung nicht wert.« – »In den Jahren 2002 und 2003 haben gerade mal fünf Inspektoren die über 10 000 Hotels und Restaurants des Michelin France getestet.« – »Die Sterne einiger Spitzenrestaurants sind unantastbar.« Drei der Sätze, die Anfang 2004 Frankreichs Gastronomie erschütterten. Ihr Autor: Pascal Rémy, sein Beruf: Tester im Auftrag des Michelin.

Rémy ist ein Mann mit Erfahrung. Rein rechnerisch hat er in 16 Jahren im Auftrag des Michelin etwa 3.200 Menüs bewertet. Seine vielfältigen Begegnungen mit kochenden Bonvivants und hochseriösen Oberkellnern wollte er ursprünglich in ein kleines Buch voller Anekdoten packen. Ein Vorhaben, das bei seinem Arbeitgeber auf wenig Gegenliebe stieß. Rémy lehnte es trotz angekündigter Gehaltserhöhung ab, auf seine schriftstellerischen Ambitionen zu verzichten und wurde gekündigt. So stellte er sich dem einflussreichen Figaro Magazin im Interview und traf u. a. folgende Kernaussagen:

— Die Direktion hat die Mittel des Guides einschneidend gekürzt, die Zeit des Sponsorings durch den Reifengiganten Michelin ist vorbei, der Guide muss Geld in die Kassen bringen.

— Ein Drittel der französischen Drei-Sterne-Häuser entspricht nicht dem Niveau der Bewertung. Der Michelin schreckt vor Abwertungen zurück, weil einige der Top-Köche inzwischen eine größere Breitenwirkung in den Medien haben, als der Guide selbst. Sterneverluste könnten negative Publicity bringen.

— Die über 10 000 Restaurants und Hotels des Guide France wurden 2002 und 2003 von gerade mal fünf erfahrenen Inspektoren getestet. Zwei weitere Inspektoren aus dem Ausland halfen 14 Tage lang beim Testen.

— Bei acht bis zehn Visiten am Tag wird nicht getestet: »Wichtig ist es, einen Kontakt herzustellen, zu zeigen, dass wir uns für die Köche interessieren und zu beweisen, dass wir auf dem Terrain präsent sind. Dies ist wichtig, um die Reputation aufrechtzuerhalten.«

— Die Leserpost beeinflusst nicht die Noten, entscheidet aber über den Zeitpunkt des Tests. »Geht zu einem Lokal keine Post ein, tun wir nichts.«

— Einige Restaurants sind gegen Abwertungen gefeit, gelten als ›untouchable‹. Entscheidungen über die Höchstnoten werden von der Direktion allein getroffen, »die Inspektoren sind oft nur ein Alibi«.

— Tagespresse, konkurrierende Guides und Monatsmagazine werden vom Michelin ausgewertet. Kurioserweise verhindern gute Noten der Konkurrenz zuweilen den Aufstieg in der Michelin-Galaxie: »Wenn die Presse hartnäckig zuviel Gutes über ein Haus berichtet, produziert das den gegenteiligen Effekt und kann (uns) sogar stören. Strategisch gesehen ist es nicht immer gut, der Mehrheit zu folgen, dies könnte beweisen, dass wir der spezialisierten Presse hinterherhinken.«

— Seit der Guide Michelin über ein Service Marketing verfügt, gewinnen Marketingaspekte bei der Notenvergabe »von Woche zu Woche an Gewicht«. Der Generaldirektor des Guides ist auch der Direktor des Service Marketing.

Der Guide Michelin wandte sich daraufhin in drei ganzseitigen Anzeigen (u. a. Le Figaro, Le Parisien) an die Leserschaft. Darin wurden die Fakten nicht bestritten. Vielmehr hieß es: »... den Guide auf die Sterne reduzieren zu wollen ist ein Irrtum ... Man gibt uns gern den Status einer Institution, gleichzeitig jedoch wird Frankreich zum Gespött der Welt, betrachtet man den Eifer, mit dem einige seine Symbole verbrennen.« Gegengezeichnet wurden diese Aussagen nicht etwa von der Direktion, sondern vom blasig-knuffigen Michelin-Reifenmännchen Bibendum.

Vor Gericht bekam weder der Guide Michelin für diese Äußerungen eine Entschädigung, noch wurde Pascal Rémy eine Entschädigung für seine Entlassung zugesprochen. Tatsächlich war er nach seinem Arbeitsvertrag verpflichtet, keinerlei Unternehmensinformationen an Dritte weiterzugeben.

Die Enthüllungen von Pascal Rémy wurden rund um die Welt veröffentlicht und die Presse interessierte sich für die Hintergründe. So berichtete die französische Zeitung ›L'humanité‹ im Oktober 2005 von massivem Personalabbau im Sektor Editions des voyages (frei übersetzt: Reisebuchverlag).

Ein Jahr nach dem Skandal um den abtrünnigen Testesser kam der Michelin wieder ins Gerede: Das belgische Lokal Oostend Queen war mit einem Bip Gourmand, dem Symbol für preiswerte, gute Küche, ausgezeichnet worden. Leider öffnete das Oostend

Queen seine Pforten erst lange nach Drucklegung. Und noch im April 2007 verkündete der Guide, das Burgunder Restaurant L'Espérance, im Vorjahr mit der Höchstwertung im Führer, sei geschlossen worden. Ganz richtig war das nicht: Das Lokal hatte plangemäß im März nach einer Winterpause geöffnet, die Geschäfte des Wirtes Marc Meneau standen zu diesem Zeitpunkt freilich unter Aufsicht eines Konkursverwalters. Gute Umsätze hätten Meneau den nächsten Termin mit dem Handelsgericht deutlich erleichtert, jetzt war sein Restaurant in den Augen der Öffentlichkeit am Ende. Der Wirt, ohnehin in finanziellen Schwierigkeiten, konnte nichts anderes tun als sein Leid in einem Blog zu beklagen.

1965

war das Jahr, in dem Paul Bocuse mit drei Sternen im Guide Michelin ausgezeichnet wurde. Damals gab es nur 12 davon. Als Spezialitäten angegeben waren *Drosselterrine mit Wacholderbeeren, Forellenmousse à la Constant Guillot* und *am Spieß gebratenes Lammcarré mit provenzalischen Kräutern*. Der Preis für die Pracht: 34 bis 38 Francs.

»Es gibt exzellente Fische, sehr gute und gute Fische – und natürlich Fische, die gut sind, wenn die Sauce gut ist.«

Mapie de Toulouse-Lautrec

Berühmte Kritiker

Alexandre Balthazar Laurent Grimod de La Reynière

geboren am 20. November 1758 in Paris, hatte es nicht immer leicht im Leben. Seine Hände waren verkrüppelt, seine Schrift war kaum zu entziffern. Der studierte Jurist und praktizierende Anwalt wanderte im Alter von 28 Jahren gar in den Knast – weil er sich in Form einer Satire über einen Dichter geäußert hatte. Während der ersten Tage der französischen Revolution soll er sich als Verkäufer von Würstchen und Hüten durchgeschlagen haben. Nur zwei Mal, da hat Alexandre richtig Glück gehabt: Zum einen hatte er schon als junger Mann dank seiner reichen Familie die große Küche kennengelernt, zum anderen war seine Haftanstalt ein Kloster, wo man oft und reichhaltig den Freuden der Gourmandise zusprach. Als ganz Paris von einem Koch namens Carême schwärmte, wechselte der Theaterkritiker das Fach, schrieb fortan über das Essen und Trinken, publizierte 1802 den ›Almach des Gourmands‹ und erfand auch gleich noch den Blindtest: Jeden Dienstag traf sich seine ›Jury Dégustateurs‹, die für Traiteure und Restaurateure recht strenge Noten verteilte.

Als »der größte Gourmand unter den Gelehrten und der gelehrteste unter den Gourmands« ist Grimod de la Reynière gebildeten Parisern heute noch ein Begriff.

Curnonsky (1872-1956)

hieß mit wahrem Namen Maurice Edmond Sailland. Curnonsky steht für einfache, gute Küche, seinen sprichwörtlichen Satz vom »Kochen wie der Vogel singt« hat er über die Köchin Marie Chevalier geschrieben. Den II. Weltkrieg verbringt er bei der bretonischen Köchin Mélanie Rouet, die eine Auberge bei Riec-sur-Belon in der Bretagne bekochte. Ab 1921 begann er, die 28 Bände von La France gastronomique zu publizieren. Knapp sechs Jahre später wird er durch eine Abstimmung des Magazins ›Le bon gîte et la bonne table‹ zum Prinz der Gastronomen ernannt. 1946 gründet er selbst ein Magazin: ›Cuisine et Vins de France‹.

»Viele Menschen haben das Essen verlernt – sie können nur noch Schlucken.«

Paul Bocuse 1993

Robert Courtine

Robert Courtine, ein Schüler von Curnonsky, schrieb unter dem Pseudonym Reynière bis 1993 für ›Le Monde‹ und half bei der Gründung der ›Association des cuisinières restauratrices‹ (Vereinigung der Köchinnen und Restaurantbesitzerinnen). Auch liebte er die einfache, ehrliche Küche. Ein wichtiger Aspekt des Lebens von Courtine wird nicht unter Gastronomen, sondern nur unter Historikern erörtert. In jungen Jahren schrieb Courtine bis 1944 für die ultrarechte Presse, als Collaborateur unterlag er einem Quasi-Berufsverbot, dem er in den fünfziger Jahren in die politisch inoffensive Gastronomiekritik entkam. Gelegentlich wird die Meinung vertreten, Courtines gastronomische Meinungen seien nichts anderes als die Fortsetzung der Ideen seiner Jugendjahre.

Henri Gault (1929–2000) und Christian Millau

Das dynamische Duo der Nouvelle-Cuisine Zeiten traf sich 1960. Gault schrieb damals die Rubrik »Wochenende und Spaziergänge« bei Paris Presse, Millau war sein Ressortleiter. In den »Wochenenden« ging es zuerst nur nebenbei um Restaurants, besucht wurden auch Gärten und Kirchlein. Gault galt als talentiert aber faul, die Rubrik soll er ergattert haben, als er seinem Boss auf die Frage nach seinem Ziel im Leben nur die Worte »spazieren gehen« erwiderte. Ein Jahr später fasste der Verleger Christian Bourgeois Gaults Chroniken in einem Bändchen namens »A voir et à manger« (Zum sehen und zum essen). Nach 15 000 abverkauften Exemplaren bestellte der Verlag einen zweiten Band. Gault weihte Millau ein, der ohnehin Projekte für einen Restaurantführer hatte. 1962 veröffentlichen sie den »Guide Juillard de Paris« – auch dieser führt nicht nur zu Restaurants, sondern auch zu Cabarets, Bars, Antiquitätenhändlern und sogar Friseusen. Gault und Millau benoteten jedes Restaurant getrennt voneinander und publizierten beide Wertungen, Lokale hatten also Noten wie 18–17. Das Gault-Millau-Magazin erscheint zuerst 1969, die beiden Kritiker etablieren sich als Entdecker von Talenten wie Michel Guérad, Alain Senderens, Jacues Manière und anderen. Drei Jahre später scheint ihr Guide France, 1973 publizieren sie die 10 Gebote der Nouvelle Cuisine. Robert Courtine (siehe oben) kämpft verbissen gegen die Nouvelle Cuisine, bezichtigt dabei 1976 sogar Paul Bocuse des Plagiats von Rezepten des Küchenchefs Alfred Guérot. Er kann den Aufstieg der beiden Autoren und Nouvelle-Cuisine-Promoter aber nicht verzögern. 1985 zerstreitet sich das Kritikerpaar definitiv, Gault widmet sich dem Consulting und führt in den Prisunic Supermärkten das Gault-Millau-Label ein. Er stirbt im Jahr 2000. Der Guide France wurde schon vorher verkauft. Millau lebt heute in St. Tropez als Romanautor.

Notizformular des Kritikers Henri Gault

Henri Gault (4.11.1929-9.7.2000) pflegte folgende Notizen hinsichtlich der besuchten Restaurants zu machen:

ETABLISSEMENT

- Name, Adresse, Telefon, praktische Anmerkungen
- Wochentag und Uhrzeit des Besuchs
- Anfahrtsmöglichkeiten mit dem Wagen
- Entfernung vom Zentrum
- Parkmöglichkeiten

EMPFANG

- Wer empfängt (Maître d'hôtel, Besitzer etc.)
- Freundlichkeit
- Beleuchtung
- Blumenschmuck
- Schalldämpfung
- Temperatur
- Maße der Tische
- Circulation
- Komfort, Sauberkeit
- WC
- Zugang zum Speisesaal (Direkt, Treppe, via Bar)
- Salon oder Bar zum Warten (Aperitif, Menüabsprache

DEKOR-ATMOSPHÄRE

- *von außen:* Sichtbarkeit, Charme, Luxus, Umgebung
- *von innen:* Beschreibung der Eingangshalle, des oder der Säle und Privatsalons
- Tapeten, Vorhänge, Teppich, Stühle, Möbel
- Stil, guter Geschmack
- Aufbau des Saals
- besonders gute, schicke diskrete oder ruhige Tische
- Tischdekoration (Tischwäsche, Gläser, Teller, Besteck)
- Animation (Musik etc.)
- werden Produkte (dem Gast) präsentiert (Schalentiere, Früchte, Desserts)
- Typ der Klientel (elegant, fröhlich)
- Prozentsatz an Ausländern
- Auslastung
- Anzahl der Gedecke
- Ambiance
- Kleidungstipps

DIE KARTE

(erhalten, inkl. Dessertkarte und Menüs)

- ist sie zweisprachig
- fehlen Gerichte
- gibt es Damenkarten ohne Preisangaben

WEINKARTE

- Beschreibung, Präsentation, Klarheit, Reichtum (Weine, Jahrgänge, kleine Gewächse)
- Preisniveau
- günstigster Preis
- verkostete und kommentierte Beispiele

SERVICE

- Anzahl der Servierer (ausreichend?)
- Hierarchie (Direktor, Oberkellner etc.)
- Präsentation (Sauberkeit, Kleidung)
- Wird nach der gewünschten Garstufe gefragt?
- *Schnelligkeit* des Service (Wartezeit zwischen Ankunft und Bestellung, erstem Gang, weiteren Gängen, Rechnung)
- *Typ* des Services (Präsentation auf Tellern, unter Cloche, Filetieren oder Decoupage im Saal, Saucen separat gereicht, Temperatur der Teller)
- *Professionalität:* Selbstbewusstsein (oder Jovialität), Benehmen, Beobachtungsgabe, Diskretion, Ruhe, Psychologie, wird das bestellte Gericht serviert)
- Visite des Küchenchefs oder des Besitzers im Saal (ungeschicktes Verhalten)

WEINSERVICE

- Beratung, Erklärung, Wein griffbereit, Schnelligkeit, zwingt zum Konsum, gute Temperatur, dekantieren, nicht geleerte Flaschen abgeräumt, Name des Sommeliers, seine Fehler, seine Pluspunkte

ZIGARRENSERVICE

- (Auswahl, Karte, Vorbereitung)

APERITIFSERVICE

ALKOHOLSERVICE

KAFFEEAUSWAHL

Nach acht Seiten Fragebogen sitzt Gault jetzt und kann die Gerichte beurteilen. Dafür gibt es pro Gericht einen separaten Fragebogen. Notiert wird nicht bis 20, sondern bis 100: Jede Rubrik erhält eine Note zwischen null und hundert und wird mit dem Koeffizienten multipliziert. Die Gesamtnotes jedes Gerichts ergibt sich aus Addition der acht Teilnoten:

Gericht, Name
Nummer
generelle Beschreibung
Note/100
Teilnote

Präsentation
Koeffizient: 0,05

Temperatur
Koeffizient: 0,05

Großzügigkeit (Menge)
Koeffizient: 0,10

Qualität (oder Frische) der Zutaten
Koeffizient: 0,15

Konzeption
Koeffizient: 0,15

Garzeit
Koeffizient: 0,10

Realisation
Koeffizient: 0,15

Allgemeiner Eindruck
Koeffizient: 0,25

Nebeneindrücke des Menüs

Brot
Qualität, Frische
Reichtum des Angebots

Butter
Qualität, Ursprung
Präsentation, Menge
Temperatur

Käse
Auswahl, Frische, Reife
Originalität, Qualität

Amuse-Gueules
Originalität, Menge
Qualität

Süßwaren
Originalität, Menge
Qualität

Kaffee
Originalität, Menge
Qualität

Nach diesem Wertungsschema war das perfekteste von Henri Gault verspeiste Gericht eine *Seezunge mit Nudeln Fernand Point* von Paul Bocuse aus dem Jahre 1985 mit einer Fast-Idealnote: 97,8 von 100.

Pl. 15.

75.

76.

77.

78.

79.

80.

81.

82.

Hier gibt es gute Kuchen, Torten und Desserts

Oriol Balaguer, Barcelona

Balaguer hätte auch Bildhauer werden können: Dunkle Zylinder streben bei ihm himmelwärts, stützen einen durchbrochenen Ball, bilden einen Wald voller rechteckiger Orgelpfeifen. Ein massiver weißer Block wird von einem kubistischen Schattenriss durchzogen, eine helle Stele von winzigen Kugeln gesäumt, einer weiteren wachsen dornige Enden ... Der junge Mann ist auffallend schlank für einen Zuckerbäcker, wirkt intellektuell mit seinem Kurzhaarschnitt und seiner schmalen Brille und spricht wenig. Seine Boutique in Barcelona gleicht dem Atelier eines edlen Juweliers: ganz in weiß gehalten und effektvoll ausgeleuchtet. Hier werden schmackhafte Einzelstücke präsentiert. Früher, da hat Balaguer für den genialen Ferran Adrià in Rosas die Desserts komponiert. Heute ist er selbst ein Star, berät Restaurants und Unternehmen, kennt seinen Marktwert. Comme des Garçons bat ihn, ein Parfum des Hauses als süßen Leckerbissen nachzubilden. Schokolade in acht Konsistenzen, eines seiner Werke, wurde 2001 von einer Fachjury zum besten Dessert der Welt gewählt. Brutal fand er die dunkle Farbe des Desserts, die Papillen zum Tanzen brachte letztlich das Spiel mit verschiedenen Sorten und Aggregatzuständen der Schokolade – von der Kuvertüre bis zum flüssigen Coulant.

»Patisserie ist die Suche nach Ausgewogenheit«, erklärt er. Ausgewogenheit, die in Balaguers süßem Labor oft mit einer Prise Salz erreicht wird, »denn eine Spur Salz öffnet die Geschmacksnerven.«

Jordi Roca, El Celler di Can Roca in Girona

Er erfand etwa den olfaktorischen Ansatz für neue Süßspeisen: »Mit Früchten und Blüten empfinde ich ganze Parfums nach«. Im Winter serviert er *Eternity* frei nach Calvin Klein mit Mandarine, Orange, Bergamotte, Vanillejoghurt und Orangenblütengelee. Im Frühling orientiert er sich an *Trésor de Lancôme* mit Aprikose, Vanille, Lilie sowie einer Spur Pfeffer und Zimt. Und im Sommer wird Minzgranité, Melone (»aber bitte nicht zu süß!«), Zitronen- und Ahornsirup, Orangenblüte, Eukalyptus und Mohn zum kulinarischen Doppelgänger von *Woman* aus dem Hause Ralph Lauren. Das klingt effektheischend, ist aber eine gelungene Dekonstruktion der Markenwelt. Auch die Reise nach Havanna entstammt dem olfaktorischen Ansatz: *Mojito-Biskuit mit Rum und Minzgranité*, dazu eine *Schoko-Zigarre mit hausgeräuchertem Vanilleeis* – der Rauch wird von einer *Partagas* N° 5 direkt in die Lady B-Eismaschine gepumpt.

Francisco »Paco« Torreblanca, Totel, Elda, Alicante, Spanien

In Spanien gilt Torreblanca als ,,der" Patissier, als Magier der süßen Sachen. Sicher, Torreblanca absolvierte eine klassische Lehre bei Jean Millet in Paris, er hat 1988 den Titel ,,Bester Patissier Spaniens" gewonnen, wurde 1990 als ,,bester Patissier Europas" ausgezeichnet. und er hat 2004 die Hochzeitstorte für Kronprinz Felipe geschaffen und noch einen Pokal nach Hause geholt. Aber Titel gewinnen auch andere und auf den Geschmack von Königen und Prominenten darf man sich heute nur selten verlassen. Wie so viele spanische Köche und Choolatiers hat er den Sinn für Ästhetik, entwirft ,,süße Skulpturen", das moderne Äquivalent der Arbeit Carêmes (nur nach unserem Verständnis wesentlich wohlschmeckender). Und er ist ungewöhnlich kreativ, wenn er z. B. Sake in Schokolade einschließt oder für sein Dessert ,,El Bizocho de Calabaza" dem Namen auf jeden Fall gerecht werden will und Kürbiskernöl, Kürbis, Kürbiskerne sowie Aprikosen, Olivenöl, Ziegenkäse und Balsamessig kombiniert. Dazu kommt noch ein Löffelchen Kuchenkrümel für die Textur. Der Möchtegern-Kreative hätte hier Probleme mit der Balance von süß, sauer, von ölig und trocken. In der perfekten Version ist ein ideales Beispiel für den Torreblanca-Stil, der auch auf dem rechten Maß basiert.

Pierre Hermé, Paris

Er erlebte als junger Patissier seinen Durchbruch mit *La Cerise sur le gâteau*. Das Tüpfelchen auf dem i präsentiert sich als dreieckiger Pfeiler nach Entwurf des Designers Yan Pennor's, gefüllt mit Haselnussdacquoise und Praliné, gekrönt von einer Kirsche. Fünf goldene Striche prangen markant auf der Vorderseite des Monoliths aus Milchschokolade: Eine theatralische Inszenierung, die den Elsässer Hermé 1993 auf einen Schlag weltbekannt machte. Der Patissier als Star, diese Rolle hat keiner so vorexerziert wie er. Zwei Mal im Jahr bat er wie ein Modemacher einige Auserwählte zu *Dessert-Defilés*, stellt neue Kollektionen unter Namen wie *Kawai* (japanisch für niedlich) oder *Désirs* vor. Kommunikationsexperten entwerfen zusammen mit dem Meister Produktnamen wie *Mr. H. Mogador* für einen Zitronenbiskuit mit Passionsfruchtgelee, der wie ein *Lutscher* serviert wird. Eine schwarze Skulptur, die ein wenig an einen gefallenen Kegel erinnert, wird mit Earl-Grey-Teegelee gefüllt und *Instant* (Augenblick) genannt. Hermé unterrichtet an der renommierten ›Ecole Ferrandi‹ und konzipiert Bücher. Eine Agentur namens ›Orionsystem‹ koordiniert Publikationen, Kollektionen, Markenpromotion und Synergieeffekte. Business, wie es auch große Köche wie Paul Bocuse und Joël Robuchon betreiben. Nach seinem Dessert-Defilé im Pariser Kabarett Crazy Horse erläuterten selbsternannte Küchenphilosophen allen Ernstes, ob es »eine Provokation ist, Torten von derart gut gebauten Damen in den Saal tragen zu lassen.«

Schokolade richtig eingesetzt

In der berühmten Duschszene in Hitchcocks Psycho ist das Blut in Wahrheit Schokosirup. Da Psycho in Schwarz-Weiss gedreht wurde, kam es dem Regisseur eher auf die Konsistenz als auf die Farbechtheit des Blutersatzes an.

Wert der Kakaobohne

Laut aztekischer Umrechnungstabelle: Eine Tomate war demnach eine Kakaobohne wert, eine fette Truthenne gut 100 Kakaobohnen. Doch die Azteken kannten Konkurrenz auf dem Währungssektor: Eine Avocado entsprach einem Baum.

Schokolade macht dick?

Wir alle setzen Fett an, wenn wir unserem Körper mehr Energie zuführen, als er verbraucht. Im Idealfall wird die Kalorienzufuhr durch Bewegung wieder ausgeglichen. Natürlich enthält Schokolade mit Fett und Zucker gleich zwei potentielle Dickmacher – umgekehrt macht sich wohl niemand Illusionen über den Kaloriengehalt der süßen Versuchung. Dafür irrt jeder, der seiner Linie z. B. mit Müsliriegeln helfen will. Auch die enthalten Fett und Zucker und sind oft kalorienreicher als Bitterschokolade.

Die wahre Schokogefahr ist ungebremster Heißhunger auf alles Süße: Schon nach einem Stückchen kann mancher Gourmand sich nicht mehr beherrschen, eine Viertelstunde später ist die ganze Tafel verschwunden. Bittere Schokolade mit hohem Kakaoanteil stillt bei den meisten Genießern diesen Hunger nachhaltiger als Vollmilch.

Insgesamt gilt der Grundsatz: Auf die Dosis kommt es an – wer sich ausgewogen ernährt, kann ruhig zu Schokolade greifen.

Übrigens wird Fitness- und Gesundheitsbewusstsein von unserem Körper leider nicht immer belohnt. Raucher etwa verbrauchen pro Tag 200 bis 250 Kalorien mehr als Nichtraucher, könnten also theoretisch pro Tag eine halbe Tafel mehr als letztere genießen. Aber wollen Sie wirklich für den Schokogenuss mit dem Rauchen anfangen?

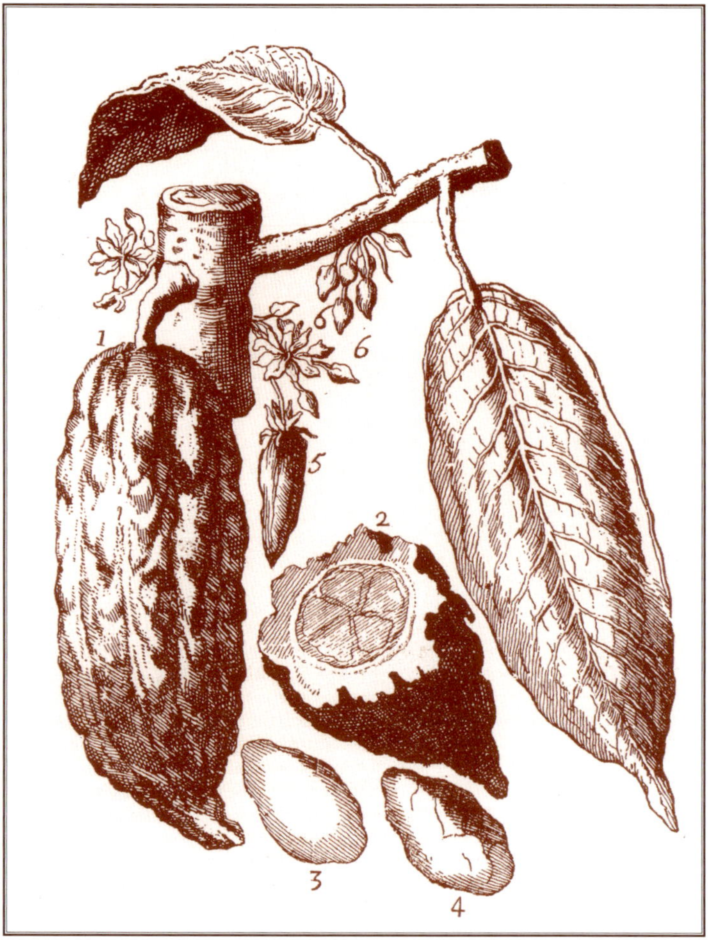

»Die spanische Chocolade ist vortrefflich, aber man lässt keine mehr dorther kommen, weil nicht alle Fabriken gleich gut arbeiten und man die schlechte Chocolade doch aufbrauchen muss, wenn man sie einmal hat.«

Brillat Savarin (1755–1826)

Francecso Redis Schokoforschung

Der einflussreiche italienische Wissenschaftler und Poet Francesco Redi beschäftigt sich nachhaltig mit der neuen *ciocolatto*. In seinen Aufzeichnungen hält er raffinierte Rezepte mit Moschus, Zimt, Vanille, Zitronen- und Orangenschale fest. Berühmt ist sein Jasmin-Schokoladenrezept:

Zutaten

4,5 kg geröstete Kakaobohnen, gesäubert und grob zerkleinert
Frische Jasminblüten
3,6 kg weißer Zucker, gut getrocknet
85 g perfekte Vanilleschoten
115-170 g perfekter Zimt
2,5 g Ambra

In einer Kiste oder einem ähnlichen Utensil abwechselnd Jasmin und gerösteten Kakao übereinanderschichten und 24 Stunden stehen lassen. Die Zutaten vermischen, weitere Schichten Blüten und Kakao hinzufügen. Dies muss zehn- oder zwölfmal wiederholt werden, damit der Kakao von dem Duft des Jasmins durchdrungen wird. Dann die übrigen Zutaten zum Kakao-Jasmingemisch hinzufügen und auf einem leicht erwärmten Malstein (metate) mahlen. Falls der metate zu heiß ist, kann der Duft verloren gehen.

»Zwei getrüffelte Puter, Garrigou!
Ja, euer Hochwürden, zwei herrliche Puter,
voller Trüffel.«

Alphonse Daudet, Briefe aus meiner Mühle

Schoko-Degustation für Anfänger

Schokolade sollte bei Zimmertemperatur serviert werden – der Kühlschrank ist kein ideales Refugium für Prämium-Schokolade. Wird die Köstlichkeit zu kalt serviert, gibt sie ihr Aroma nicht preis.

Dann folgt die visuelle Schokoprobe: Gute Schokolade glänzt, ist glatt und teilt man sie mit der Hand hört man ein Knacken.

Im Mund darf sie nicht körnig wirken. Zunächst stellt man ihre Grundmerkmale fest: Ist sie bitter? Säurehaltig? (Gute Schokolade enthält kaum Säure und hat nur eine geringe adstringierende Wirkung.) Wie ausgeprägt ist ihr Zuckergehalt? Dann geht es wieder an die Aromenbestimmung: Kakao, Zimt, Gewürze aber auch Ananas oder Vanillenoten finden sich in vielen Schokoladen. Viele Schokomeister schwören übrigens darauf, die Schokolade beim ersten Kontakt kurz im Mund schmelzen zu lassen, dann fünf bis zehnmal zu kauen und schließlich am Gaumen schmelzen zu lassen – so soll zum einen die Aromenvielfalt noch besser zur Geltung kommen, zum anderen werden alle Bereiche der Zunge angesprochen. Süße Aromen nimmt man eher an der Zungenspitze wahr, bittere Aromen eher im hinteren Bereich. In älteren Schulbüchern gab es dafür noch Zungenkarten, heute geht die Wissenschaft davon aus, dass Papillen mehrere Geschmäcker wahrnehmen können, aber eine Prägung bzw. Vorliebe für salzig, bitter, süß und sauer aufweisen.

Für die Bewertung der Kombination aus Wein und Schokolade eignet sich ein weiteres Experiment. Zuerst einen Schluck Wein über den Gaumen wandern lassen, dann die Schokolade naschen. Ändert sich der Geschmackseindruck? Wie wirken Wein und Schokolade zusammen? Süße Schokolade etwa wird einen Großteil der Frucht des Weines neutralisieren und den Rebensaft bitterer scheinen lassen.

Anschließend mit etwas Wasser und einer kurzen Pause die Aromen neutralisieren – und dann, beim nächsten Test, die Degustation mit der Schokolade beginnen. Nicht immer werden die Resultate identisch sein.

St. Disdiers Schokolade von 1692

Die Bewertung mit Qualitätsstufen stammt vom Autor

Rezept 1

(sehr gut)

900 g vorbereiteter Kakao
680 g Cassonade (Rohrzucker)
20 g Vanillepulver
15 g Zimtpulver

Rezept 2

(exzellent)

900 g vorbereiteter Kakao
570 g Zucker
28 g Vanillepulver
15 g Zimtpulver

Rezept 3

(höchster Geschmack für alle, die nicht befürchten, zu viel davon zu verzehren)

900 g vorbereiteter Kakao
450 g feiner Zucker
9 g Zimt
7 g Nelkenpulver
7 g indianischer Pfeffer (Chili)
35 g Vanille

Zermahlet die gerösteten Kakaokerne zusammen mit dem Zucker auf einem erwärmten Stein (pierre d'Espagne, Mahlstein), dann rühret die Gewürze unter die Masse. Um das Getränk in seiner chocolatière zuzubereiten, bringet 140 bis 205 ml Wasser mit 35 g Zucker zum Kochen (je größer die Hitze, desto besser), gebet die zerbrochenen Schokoladentabletten hinzu und verquirlet das Ganze. Wenn man die Mischung nach dem Kochen simmern lässt, gerät der Schaum noch besser.

[St. Disdier klärt darüber auf, dass sein drittes Rezept dem spanischen Geschmack entspricht und stellt dem Leser frei, zum weiteren parfümieren der Schokolade z. B. vier Moschuskörner hinzuzufügen.]

It's Teatime

Rechts türmen sich Cookies, Scones, winzige Fingersandwiches und Miniatur-Cremetörtchen auf drei Ebenen, links lockt der Blick auf das ungestörte Grün des Hyde Parks – und vorn wartet eine Tasse darauf, gefüllt zu werden. »Ihr Oolong, Sir«. Die junge Dame im hochgeschlossenen Kostüm stellt die Kanne duftigen Tees vorsichtig wie einen kostbaren Flakon auf den Tisch. Die Gäste verzichten auf Milch oder Zucker und kosten vorsichtig die blassgelbe Flüssigkeit, fast als wäre es ein 61er Bordeaux. Erstklassig. Ein gutes Dutzend Teetrinker hat sich an diesem Samstag nachmittag ins The Park des Londoner Mandarin Oriental Hyde Park Hotels zurückgezogen und lauscht den Piano-Klängen. Stammgäste plaudern in gedämpfter Lautstärke, Neulinge lassen den Blick über die Schmetterlings-Deko von der Deckenleuchte über die Wände schweifen. Und alle nehmen sich zum Teegenuß ausgesprochen Zeit. Schließlich ist Teatime nicht einfach ein heißer Aufguss am Nachmittag. Sie ist ein Moment stilvoller Ruhe an einem hektischen Tag, ein aromenstarkes Souvenir aus den großen Zeiten des britischen Empires. Schon 1658 bewarb der Londoner Händler Thomas Garraway die gesundheitlichen Vorzüge des Tees, gut hundert Jahre später begann die heiße Köstlichkeit Bier und Gin als Alltagsgetränke zu verdrängen und rund um London eröffneten eine Fülle von tea gardens. Schlanke Teeclipper veranstalteten bis zur Eröffnung des Suezkanals Wettrennen zwischen China und London. Die Einführung des klassischen five o' clock Teas wird Anna, siebter Herzogin von Bedford, zugeschrieben: Die Dame aus altem Adel verspürte zwischen den leichten Mittagessen und den schweren Diners ein dräuendes Hungergefühl. Eine heiße Kanne Tee, etwas Gebäck oder ein paar Sandwiches, dazu eine Auswahl guter Freunde oder interessanter Bekannter – schon verschwanden Magenknurren und Langeweile der Aristokratin. Solch nachmittäglicher Teeplausch breitete sich im 19. Jahrhundert rasch aus, der *five o' clock* Tea wurde zur Stunde der Philosophen, in manchem Herrenhaus trafen sich Mitglieder des Hofes, Schriftsteller und Intellektuelle regelmäßig, um bei ein paar Tassen Earl Grey über alles oder nichts zu plaudern. Die Engländer galten seither als Volk von Tee-Liebhabern, die Teatime war zur Institution geworden. Auch heute noch gleicht das stilechte Genießen des eleganten Aufgusses dem Besuch in einem erstklassigen Restaurant. Wer die echte Teatime kennenlernen möchte, reserviert selbstverständlich, kommt in entsprechender Garderobe (wer in Shorts oder Jogginganzug nur mal einen schnellen Schluck nehmen möchte, wird entweder in WC-Nähe plaziert oder diskret am Eingang abgewiesen) und wundert sich nicht darüber, dass eine Teestunde wie in der guten alten Zeit stark auf die Börse schlägt. Eine große Summe für eine Kanne Tee – kleines Geld für britische Lebensart in Tassen.

Gong Fu Cha Teezeremonie nach Yu Hui Tseng

Yu Hui Tseng, eine Dame undefinierbaren Alters aus Taiwan, gilt als eine der 10 besten Teeverkosterinnen der Welt. Ihre Prämium-Tees brauchen Pflege, damit man z. B. die Teeblätter nicht durch zu heißes Wasser verbrennt.

Teegenuß ist in ihrer Maison des trois thes in Paris eine wahre Zeremonie. In den Hauptrollen: Der Yixing Hu, eine winzige tönerne Teekanne mit Deckel. Der Cha Chuan, ein dunkelbrauner, tiefer Teller. Der Cha Hai, eine Art tönernes Milchkännchen. Der *Wen Xiang Bel*, eine hohe, schlanke Riechtasse aus feinstem milchigen Porzellan sowie der *Cha Bel*, die Trinktasse, aus demselben Material. Und natürlich Löffel, Stäbchen und Spießchen, die zum Drapieren des Tees dienen und ein Kessel zum Wärmen des Wassers. Kein Leitungswasser, kein Mineralwasser. Tsengs Teewasser wird in einer speziellen Maschine für sie gefiltert. »Aber für den Hausgebrauch geben Brita Filter ein recht gutes Resultat.«

Tseng arbeitet zügig und präzise, braucht keine Waage, keine Stoppuhr. Mit heißem Wasser aus dem Kessel wird der *Yixing Hu* ausgespült und nochmals übergossen. Die Aufwärmphase für die Mini-Kanne. Das Spülwasser wandert in den Cha Chuan. Tseng gibt ein, zwei Gramm Tee in den Yixing Hu, feuchtet sie schnell mit etwas heißem Wasser an, schließt den Deckel und leert die Kanne sofort in den *Cha hai*. Der wiederum wird in den *Cha Chuan* ausgekippt. Trinktasse und Riechtasse muss der Gast jetzt kurz mit heißem Wasser vorwärmen. Dann wird es schwierig, Tseng füllt den Yixing Hu bis zum Überlaufen, wärmt die Kanne von außen nochmals mit heißem Wasser, wartet ein paar Sekunden und taucht den Yixing Hu dann regelrecht ins Milchkännchen. Der Tee läuft restlos aus, kein Blatt mariniert in heißem Wasser. Zügig füllt sie die fahlgelbe Flüssigkeit in die Riechtasse. Und nun heißt es schnell sein, denn die Aromen zischen förmlich an der Nase vorbei. Wer zwei Sekunden verpasst, dem entgehen drei Aromen. »Im Glas riechen, seitlich ausatmen«, schärft Tseng den Gästen ein, bevor sie die Aromen analysiert. »Geranien, Ahornsirup, Lilien, gekochte Karotten, Rohrzucker, Kokosnuss«, murmelt sie. Man sieht ihr an, dass sie nicht so schnell sprechen kann, wie sie Aromen zuordnet. Dann wird der fahlgelbe Tee in die Trinktasse gefüllt, der erste Schluck folgt. Kokosnuss, Rohrzucker und Karotten sind noch präsent, der Rest vom Winde verweht. Wer dann fragt, welchen Tee er gerade genießt, bekommt eine rätselhafte Antwort: »Namen sagen nichts«, erklärt Tseng stets. »Wir haben Tees der Familien Wu-Long – und sagen Sie bitte nicht Oolong – sowie Pu-Erh. Dazu grüne Tees, weiße Tees und vieles mehr. Von dem Tee, den wir gerade getrunken haben, gibt es weniger als eine Tonne pro Jahr auf der Welt. Warum ihm einen Namen geben?«

Die teuersten Kaffees

Laut einer Statistik des Magazins Forbes von 2006 sind die teuersten Kaffees:

1) Kopi Luwak aus Indonesien

Die Kaffeefrüchte werden von einer lokalen Zibetkatzenart verspeist und fermentieren in deren Magen. Nach dem Ausscheiden werden die Bohnen von Hand gesammelt und wie gewöhnlicher Kaffee geröstet. *Kopi Luwak* wird regelmäßig kritisiert, weil kaum kontrollierbar ist, ob das Rohmaterial tatsächlich im Zibetkatzenmagen fermentiert. In Vietnam wird ein ähnlicher Kaffee von einem Unternehmen namens Trung Nguyen als *Weasel Coffee* (Wiesel Kaffee) angeboten. Nicht wenige Experten halten Kopi Luwak für ein reines Marketing Gimmick.

Preis: 160 $ / pound (= 453,59 Gramm)

2) Hazienda La Esmeralda aus Panama

Geisha Coffee angebaut im Schatten alter Guaven-Bäume. Berühmt für sein Aroma und Sieger vieler Blindtests.

Preis: 104 $ / pound

3) Island of St. Helena Coffee Company aus St. Helena

Dieser Kaffee verdankt einen Teil seines Erfolges der Tatsache, dass Napoleon Bonaparte während seines Exils auf St. Helena ausdrücklich das lokale Gebräu lobte.

Preis: 79 $ / pound

4) El Injerto aus Huehuetenango, Guatemala

Eine spezielle Mischung mit der *El Injerto* den ersten Preis beim ›Cup of excellence‹ 2006 gewann.

Preis: ca 50 $ / pound

5) Fazenda Santa Ines aus Minas Gerais, Brasilien

Bekam im eben erwähnten ›Cup of Excellence‹-Wettbewerb die Rekordnote 95,85 von 100. Die 2006er Lese wurde vom kanadischen *Caffe Artigiano* und von zwei australischen Röstern erworben.

Preis: ca 50 $ / pound

6) Blue Mountain, Wallenford Estate, Jamaica

Der *Jamaica Blue Mountain* ist zwar weltbekannt, wird aber oft gefälscht. Vorsicht ist besonders bei Kaffees geboten, die mit *Blue Mountain Blend* oder *Blue Mountain Style* werben. Sie enthalten oft gerade keinen Blue Mountain.

Preis: 49 $ / pound

7) Los Planes, Citala, El Salvador

wurde beim ›Cup of Excellence‹ mit 93,52 von 100 Punkten ausgezeichnet.

Preis: ca 40 $ / pound

8) Kona, Hawaii

In den 1820er Jahren wurden brasilianische Kaffeebäume von den Briten nach Hawaii gebracht. Dort gedeihen sie bestens auf Vulkanböden. Auch hier gibt es viele Fälschungen.

Preis: ca 34 $ / pound

9) Starbucks Rwanda Blue Bourbon, Gatare / Karengera, Ruanda

Auch wenn Ruanda selten durch hohe Kaffee-Qualitäten Schlagzeilen machte, fanden die Scouts von Starbucks dort diesen Premium-Kaffee.

Preis: 24 $ / pound

10) Yauco Selecto AA, Puerto Rico

ist schon seit dem späten 19. Jahrhundert für seine Qualität bekannt.

Preis: 22 $ / pound

Japan, von Europäern gesehen

»Absolute Frische, präzise, genaue Zubereitung, klar definierte Aromen«. So definiert Asien-Experte André Jaeger, Koch der Fischerzunft in Schaffhausen, die wichtigsten Eigenschaften japanischer Küche. »Hauchdünn geschnittenes Rindfleisch, auf dem *Teppan-Yaki-Grill* mit Knoblauch und Frühlingszwiebeln zubereitet und mit etwas grobem Salz bestreut – eine pure Delikatesse«. Und dann die Tischsitten: »In einem erstklassigen Lokal durfte ich den Koch nicht loben. Trotz Hochgenuss bei *Thunfisch mit Wasabi und Tempurasauce* hieß es, keine Miene zu verziehen.« Begründung: »Hätten wir den Koch zu Anfang gelobt, hätte er sich nicht herausgefordert gefühlt und sich keine Mühe gegeben.«

Auch am eigenen Herd denkt Jaeger gern an Japan zurück, räuchert feine, dünne Scheiben vom Seeteufel in Tee oder würzt den *Scampi-Salat* mit scharfem, grünlichen Wasabi-Rettich. Aber: »Für Japaner wäre das nur ein Spiel mit den Aromen. Echte japanische Küche ist nur traditionelle Kochkunst.« Anders ausgedrückt: Im Land der aufgehenden Sonne gelten neue, nie gekannte Gerichte kaum als kulinarischer Geniestreich. In feinen Restaurants geht es darum, Speisen nach jahrhundertealten Rezepten möglichst frisch und originalgetreu aufzutischen. Tempura, in Teig gebackener Fisch, Garnelen oder Gemüse, entstand etwa im 16. Jahrhundert; die Essgewohnheiten portugiesischer Seefahrer sollen die damaligen Köche inspiriert haben.

Sashimi, roher Fisch in Scheiben, wurde ebenfalls schon vor vierhundert Jahren gegessen. Heute gilt es als japanische Vorspeise par excellence und wird oft mit Sake aus kleinen Porzellanschälchen serviert – der Nationaltrunk aus gegärtem Reis sollte vor dem Trinken auf knapp 40 °C erhitzt werden. Zu den *Sashimi* gehört seit Jahrhunderten auch Fugu, der giftige Kugelfisch. Gourmets schwärmen von der euphorisierenden Wirkung des riskanten Gerichts: Fugus Nervengift *Tetrodotoxin* ist nicht nur 500-mal giftiger als *Zyankali*, sondern soll auch 160 000-mal anregender als Kokain sein.

Sushi, die weltbekannten Reishäppchen, kamen Mitte des 19. Jahrhunderts auf den Speiseplan: Ein guter *Itamae* (Sushikoch) wird ihn stets nur nach den alten Rezepten herstellen und sich bei modischen Neuerungen wie dem poppig-bunten California-Sushi mit Grausen abwenden. Besonders perfektionistische Itamae glauben daran, dass beim Ideal-Sushi alle Körner in gleicher Richtung liegen und vertreten den Standpunkt, dass geschicktes Formen der Reishäppchen wichtiger als ihr Belag sei. Für letzteren wiederum ist der richtige Umgang mit dem Messer entscheidend: Zerfasertes

Fleisch oder Fisch ist fast schon eine Beleidigung für den Gast. Essen und kochen, das gleicht in Japan einem Ritual: Die richtige Form, der richtige Schnitt, die richtige Zutat. Ein erstklassiges Tempura-Restaurant erkennt man z. B. daran, dass bestes, frisches Öl, höchstens drei Mal zum Ausbacken der Teighüllen genutzt wird, um es danach an weniger feine Lokale zu verkaufen. Die zweite Klasse verwendet das Öl weiter um es danach noch einmal zu veräußern – bis es irgendwann in den Garküchen der Vororte landet.

Als Krönung japanischer Esskultur gelten die *Kaiseki*-Gerichte, wie sie z. B. in Tokios Restaurant *Kakiden* aufgetischt werden. Viele Kaiseki-Restaurants nehmen nur von Bürgen empfohlene Gäste an, Ausländer müssen wegen Unkenntnis japanischer Tischsitten oft draußen bleiben. Denn Kaiseki ist Essen als Philosophie; eine strenge Verknüpfung frischester Zutaten, schonender Zubereitung und vollendeter Präsentation. Die Küche basiert nicht nur auf Geschmack, sondern auch auf Symbolik. Goldener Heringsrogen etwa steht für Wohlstand, wenn Lokale ihn zum Beispiel zum Jahresanfang servieren, ist das fast ein guter Neujahrswunsch.

Einige Aromen der japanischen Küche

- **Algen:** wegen ihrem Jodgehalt manchmal als Salzersatz verwendet, auch Seetang wird gern aufgetischt.
- **Ingwer (süß):** kurz erhitzt, konserviert und dünn geschnitten, serviert z.B. zu Schwein oder Fisch.
- **Miso:** gegorene Sojabohnenpaste, Zutat für Suppen wie *Miso shiru*.
- **Nori:** feine Blätter aus Purpurtang
- **Shoyu:** Sojasauce. Die bekannteste Zutat, man kennt sie seit dem 8. Jahrhundert.
- **Sesam:** gehört z. B. zur Sauce für ein *Shabu-Shabu:* Sesamöl, Sesamsamen, Chili, Essig und dazu feines Rindfleisch.
- **Shiso:** Perilla-Blätter mit Pfefferminzgeschmack. Die lila Blüten werden zum Sashimi serviert.
- **Wasabi:** sehr scharfer, leicht grüner japanischer Meerrettich. Ein echter Zungenbrenner, dessen Schärfe durch Sojasauce gemildert werden kann.

Little Italy in der Bronx

Sieben Uhr morgens im Keller der Terranova Bakery: Giuseppe schiebt eine Reihe Bauernbrote in den Ofen, sein Kollege Alfredo legt noch Holzkohle nach. Die Backstube der Beiden wirkt wie der Maschinenraum eines angejahrten Dampfschiffes, das Feuer treibt die Temperaturen hoch auf sommerliche 40 °C und überhaupt ist man bei dem Dämmerlicht froh, wenn man die Teigfladen sehen kann – aber das Brot schmeckt einfach so gut, dass die halbe Nachbarschaft bald vor der kleinen Bäckerei Schlange steht. Manchmal sind auch ein paar elegantere Herrschaften dabei: Die haben den ganzen Weg von Manhattan hoch zur Arthur Avenue auf sich genommen, um hier ihre Einkäufe zu erledigen. Warum? »Weil es hier noch Mozzarella aus Büffelmilch gibt und das Brot besser schmeckt als in der besten Patisserie der Upper West Side«, erläutert eine Dame.

»Brot im eigenen Keller backen, ist so etwas in New York eigentlich erlaubt?« fragt ein besorgter Gentlemen im dunklen Zwirn. »Junge, vor sechs Uhr morgens machen wir hier, was wir wollen«, antworten die beiden Bäcker unisono. »Außerdem hat unser Großvater in Italien schon genauso gebacken wie wir. Und hier bist du nicht umsonst im wahren Little Italy. Die Gegend im Süden von Manhattan gibt es mehr für die Touristen. Und von denen verirrt sich keiner zu uns – in die Bronx.«

Eine Vorstadt-Idylle wie in der amerikanischen Provinz, mit breiten Straßen und schmalen Backsteinhäusern, drei bis fünf Stockwerke hoch und meist mit einem kleinen Laden ausgestattet: Mal ein Fachhandel für Marienstatuen, mal ein Zuckerbäcker mit cremigen Torten.

Bei Biancardi Meat lassen auch Starköche kaufen. Ein properer Laden mit dem Charme einer bestens aufgeräumten Lagerhalle, gefüllt mit bestem Beef, Lamm und Kaninchen. »Die kommen aus den besten Lokalen hierher und treffen sich manchmal auf ein Glas im Restaurant gegenüber. Fleisch wie bei mir gibt es da unten halt nicht.« Vor allem nicht zu dem Preis.

Im Kiosk an der Straßenecke gibt es noch die authentische egg cream – ein Vorfahre moderner Energy-Drinks, der seine Ursprünge in den Fünfzigern hat und ein wenig nach Schokolimonade schmeckt. Wer zum ersten Mal vorbeischaut, muss zwischen Theke und Magazinen den Stammgästen, die die drei Sitzplätze nicht aus den Augen lassen, schon mal eine Grundfrage beantworten: Wieviel Eier gehören in eine egg cream? Antwort: Kein Einziges, das Getränk wird aus kalter Milch, Schokosirup, Cream Soda und Seltzer angerührt.

Ein paar Häuser weiter bietet ein alter Signore mit Brille in Fensterglas-Stärke seine haus- und handgemachte Pasta an.

Entscheide Dich: Raucher oder Nichtraucher für die Ewigkeit warnt ein Schild hinter seiner Theke; auf der linken Seite – eben der für die Raucher – züngelt ein stilisiertes Höllenfeuer empor.

Irgendwann trifft sich die ganze kleine Welt des *Little Italy* in der schlichten Markthalle: Zwischen randvoll mit Keramik und Kitsch, Früchten und Würsten vollgestellten Ständen findet man die idealen Ecken für einen Espresso am Morgen oder ein kleines Sandwich zwischendurch – und nicht zuletzt wissen die Leute hinter der Theke hier schneller als jede Tageszeitung, was im Viertel läuft. Rechts hinten wartet Mike's Deli, ein italienisches Schlaraffenland, zusammengepresst auf zwölf Quadratmeter: Von oben baumeln Würste und Käse herab, in der Auslage tummeln sich eingelegte Oliven, Mortadella, Schinken. Mikes Mozzarella ist hausgemacht aus Büffelmilch und wird manchmal über Hickory-Holz geräuchert. Der Mann hinter der Theke kennt mehr Geschichten als alle Nachbarn zusammen. »Kosten Sie bloß meinen Parmesan. Der ist so gut, dass sie in Italien kaum vergleichbares finden«, fängt er ganz sachlich an. »Die besten Käse haben nämlich wir New Yorker gekauft. Mehr Kaufkraft und so.« Für ihn und seine treuen Kunden ist die Arthur Avenue nicht nur das wahre Little Italy – sie ist schlicht und einfach das bessere Italy. »Weil hier die Waren noch wie im Piemont, in Sizilien, in der Toskana schmecken ohne dass man dafür kilometerweit reisen muss.«

Die Beagle-Brigade

New York, JFK-Airport: Kaum rollen die Koffer vom Band stolpert man buchstäblich über die Eliteeinheit des örtlichen Zolls. Ein Mitglied der Beagle-Brigade schnüffelt sich mit schlaffen Ohren, wedelndem Schwanz und wachem Blick neugierig durchs Gepäck. Stramme Lettern auf seiner grünen Uniform lassen keinen Zweifel an seiner Lebensaufgabe aufkommen: protecting America's agriculture. Während von unten die treubraunen Augen des schlappohrigen Protektionisten um Wurst betteln, bedenkt seitwärts ein grimmiger Zöllner die Neuankömmlinge mit einem kritischen Blick. »Der riecht noch eine Orange in einem Samsonite.«

So gut wie alles was schmeckt ist nämlich von der Einfuhr in die USA ausgeschlossen. Mehr als zehn Beagle-Brigadiere sind deshalb immer, ewig und unerläßlich auf der Jagd nach Essbarem: Fleisch, Käse, Pflanzen, Obst und Gemüse. Nur auf Drogen oder Sprengstoff reagieren die feuchten Nasen nicht (was nicht heißen soll, dass der Odeur eines laufenden Camemberts gefährlicher als der Blick in eine geladene 45er Magnum ist). Die handverlesenen Hunde gelten als gute Jäger mit exzellentem Geruchssinn und natürlichem Instinkt, freundlich zu Menschen und deshalb ohne jederlei Angstpotential bei den Fluggästen – schließlich wird kaum jemand nach sieben Stunden Flug gern von einer Horde dänischer Doggen begrüßt.

**»Wer nur Wasser trinkt,
hat etwas zu verbergen.«**

Baudelaire

Drei klassische New Yorker Deli's

Delicatessen hießen ursprünglich nur die Läden der jüdischen Einwanderer, in denen man koschere Kost geniessen konnte: Matzoh ball soup, gefillte Fisch, gehackte Leber und Pastrami, die keinesfalls aus den sehnenreichen Hinterläufen, sondern besser aus der Kalbs- bzw. Rinderbrust zubereitet werden darf. Auch vermeintlich uramerikanische Klassiker wie Brownies und Bagels brachten die Delicatessen-Wirte ins Land (Beigel ist das jüdische Wort für Kringel). Deli ist natürlich nichts anderes als die Abkürzung für solche Delicatessen, auch wenn das Wort heutzutage selbst für einen italienischen Imbiss, eine Sandwich- oder Austernbar verwendet werden kann.

Carnegie Delicatessen

Klein, stets rappelvoll und von oben bis unten mit Fotos vollgehängt. Mel Brooks war da, Danny Aiello auch, Senatoren, blonde Starlets, alle haben sich hier Gerichte mit Namen wie Fifty ways to love your liver (gehackte Leber mit Ei) schmecken lassen. Woody Allen war nicht nur da, sondern hat hier auch eine Szene aus Broadway Danny Rose gedreht, was einer der Gründe dafür sein kann, dass Gästen an der Kasse auch ein bunt bedrucktes Carnegie's T-Shirt angeboten wird.

Second Avenue Deli

Man speist an kleinen, weiß gekachelten Tischen, umgeben von Heinz-Ketchup, Krautsalat und Gewürzgurken, betrachtet neugierig den Deli-Automaten am Eingang, der eine Potato Kugel und gefillten Fisch für zwei Nickel verspricht. Inzwischen hat die Inflation auch die Second Avenue nicht verschont: Ein dreistöckiges warmes *Pastrami-Sandwich* (von der Maschine geschnitten), groß genug für eine dreiköpfige Familie. Schon nach der ersten Hälfte stellt sich derselbe Sättigungsgrad wie nach einem Sechs-Gang-Menü ein. Der Rest wird, sorgsam in Alu verpackt, als ›Doggie-Bag‹ auf den Weg gegeben.

Katz's Deli

Corned Beef, Pastrami und Salami von Katz zum Beispiel gelten als Stadtlegende, im zweiten Weltkrieg wurde letztere mit dem unsterblichen Slogan »Send a salami to your boy in the army« beworben, von den Dankesbriefen Generationen von US-Präsidenten im Schaufenster ganz zu schweigen. Legendär schmeckt das alles freilich nur an guten Tagen, deren genaues Datum weder Präsidenten noch eingefleischte New Yorker zuverlässig im Voraus bestimmen können. Man zieht ein Ticket, geht an den Auslagen vorbei, die Herren und Damen notieren die Einkäufe, gezahlt wird später (nur verlieren sollte man das Ticket nicht, dann können die sonst so netten Leute ziemlich sauer werden). Beim anschließenden Suchen stößt man in der Mitte des Raums auch auf den Tisch, der mit Würde den Schriftzug »Sie sitzen dort, wo Harry auf Sally traf« trägt. Genau, im Film ›When harry met Sally‹ stöhnte Meg Ryan hier bei Katz dem Publikum vor, wie eine Frau einen Orgasmus fälscht. Je nach Gästen, individuellem Humor oder Zustand der eigenen Beziehung, kann man sich für oder gegen den bekannten Tisch entscheiden.

Kochen lernen in Thailand

»Und jetzt nehmen wir die Shrimp-Paste und reiben sie über eine Fingerspitze.« Vierzehn Kochschüler aus Amerika, Australien, Japan und Deutschland starren ratlos einen kleinen Teller an: Die braunrote Mischung verströmt den beeindruckenden Odeur von Meerestieren im fortschreitendem Stadium der Verwesung. Aber die Empfehlung des Kochlehrers ist eindeutig: »Nur zu, das ist ein wichtiger Bestandteil unserer Küche.«

Aller Anfang ist schwer – das gilt auch an den winzigen Tischchen der ›Thai Cooking School‹ in einem Holzhaus hinter den Fluten des Chayo Praya Rivers, der nach Regenfällen so schlammigbraun wirkt, als könnte man auf ihm problemlos spazieren gehen. Thai Haute Cuisine heißt unser Kurs – aber bei der Shrimp-Paste regt sich ernsthafter Widerstand. »Kann man das wirklich essen?« fragen die Schüler einhellig, nachdem sie ihre Finger zögernd in die dunkle Masse getaucht haben. Der Vorkocher beruhigt: »In Thailand addieren wir nicht einfach die Aromen, es geht darum, sie richtig gegeneinander auszubalancieren. Fischsauce wird etwa mit Palmzucker oder Kokosmilch milder gemacht. Das ist das Ying und Yang unserer Küche!« Das Yang zur Paste kommt in Form von Limone: »Ein Tropfen Limonensaft und der Geruch verschwindet – das funktioniert auch im Kochtopf.« »Tatsächlich, wieder was gelernt,« heißt es in der Klasse, bevor der nächste Teller mit Galanga, Zitronengras, Ingwer und Kokosmilch durch den Saal gereicht wird.

»Wie heißen die fünf Grundgeschmäcker unserer Küche?« fragt der Küchenprofessor leise. Allgemeines Schulterzucken im Klassenraum, keine Antwort. »Scharf, wie Chili oder Pfeffer. Salzig wie getrocknete Shrimps oder Fischsauce. Süß wie Palmzucker, sauer wie Tamarinde und herbal – kräuterig – wie Koriander, Knoblauch, Zitronengras oder Galgant«, repetiert der Herr am Herd. »Diese fünf Grundgeschmäcker muss man im Menü verteilen, die Gerichte dürfen sich nicht wiederholen, aber jedes muss mindestens zwei der Geschmäcker enthalten. Noch dazu sollte die Konsistenz der Spezialitäten variieren: flüssig, knackig, fest, weich.« Denn bei einem gelungenen Thai-Menü werden sämtliche Gerichte gleichzeitig serviert.

Das erste Rezept – *Mu Waan* – karamelisierter Schweinebauch mit Kräutern. Herbal und süß soll es schmecken. Blockweise wandert Palmzucker in den Mörser. Soviel, dass sich die ersten Eleven ernsthaft fragen, wo man wohl das Yang für die Masse Süßes finden wird. »Ruhig etwas mehr nehmen. Fett gehört für mich zum Körper.« Das fitnessbewusste westliche Lager schaut ihm skeptisch in die Augen.

Nebenan köcheln ein paar saftige Entenfilets in Kokosmilch vor sich hin. »Kokosmilch muss sein«, mahnt der Lehrer. »Ausländer wischen sie vom Teller – reine Dummheit, denn unsere Gerichte sind stets etwas ölig.« Nach den appetitlichen Düften in der Versuchsküche sind auch die letzten Zweifel verschwunden, noch neugieriger als vorher schauen die Studenten ihrem Lehrer auf die flinken Finger. Der füllt schnell ein paar Gambas mit Schweinefleisch, mischt Korianderwurzel, Pfeffer, Schalotten und Ingwer als Basis für eine süßsaure Suppe oder schnitzt Rosen aus Karotten. »Bevor Sie das Messer ansetzen, sollten sie das Gemüse 30 Minuten in kaltem Wasser einweichen.«

Ansonsten wird uns die Zuflucht zu Fertigprodukten, besonders Suppentüten mit dem Aufdruck Original Thai-Curry streng untersagt: »Vorgefertigte Currys sind tote Currys! Wer Currypulver benutzen möchte, weil es gerade mal schnell gehen soll oder keine Zutaten aufzutreiben sind, muss es z. B. mit frischem Zitronengras aufpeppen.« Wer sich hingegen an eigenen Currys versucht, kann die Basis, die Chili-Paste, leicht verändern: »Rind braucht mehr Galgant, Fisch hingegen weniger Zitronengras, weniger Galgant und mehr Schalotten – nach sechs bis acht Jahren Übung bekommen Sie das problemlos hin.« Dann endlich heißt es: »Eat your lesson«: Die Schüler fallen über Gemüse, Reis, Entencurry, gefüllte Gambas, karamelisierten Schweinebauch und süßsaure Shrimpsuppe her. Das Ying und Yang der Thaiküche scheint auch diesmal gewirkt zu haben: Keine Spur von den dutzenden Paprikaschoten, den Blöcken Palmzucker – stattdessen schmeckt's fein, ausgewogen und leicht. »Dienstag und Mittwoch sehen wir uns wieder, dann stehen Regionalgerichte auf dem Stundenplan«, meint der Kochprofessor zum Abschied. »Bestimmt fallen die wesentlich schärfer aus«, raunt die Klasse. Und sicher wird massenhaft Shrimp-Paste verwendet.

»Sehn Sie, meine Gnädigste, es genügt nicht, beim Fleischer ein zartes Stück zu verlangen. Man muss darauf achten, in welcher Art es geschnitten ist. Ich meine Querschnitt oder Längsschnitt. Die Fleischer verstehen heutzutage ihr Handwerk nicht mehr.«

Joseph Roth, Tafelspitz und Kren

Britische Spezialitäten

Die Hölle ist ein Ort mit britischen Köchen,
deutschen Komikern und italienischen Polizisten.

Englische Küche war jahrzehntelang allenfalls als Einleitung zu diversen Witzen von Bedeutung. Kein Wunder, denn dem britischen Empire stand die Gulaschkanone näher als ausgeklügelte Menüs, im besten Fall galt englische Küche eher als opulent denn als fein. Doch Seefahrer, Eroberer und Entdecker brachten seit Jahrhunderten Chutneys, Pickles, Curries und andere exotische Delikatessen ins Reich, in dem die Sonne niemals unterging, und bereicherten Tische und Teller mit exotischen Köstlichkeiten: *Fish and Chips* – der traditionelle Snack aus der Zeitungstüte, *Sandwich* – Klappstullen, die sich der Earl of Sandwich stets am Spieltisch reichen ließ, *Jam Roly-Poly*, ein Nierenfettpudding mit Marmelade.

Die traditionellen britischen Köche waren Meister darin, jedes Teil von jedem Tier bestens zu verwerten. Allein die Variationen rund um Lamm und Schaf: Die Keulen legen sie mit Salz, Zucker und Gewürzen ein oder verarbeiten sie zum *Lancashire Hotpot* (mit Keule, Nieren, Pilzen, Zwiebeln und Kartoffeln). Lammkoteletts werden zur *Guard of honour*, einer Ehrengarde aus gekreuzten Knochenenden. Reste werden gehackt, mit Zwiebeln und Kartoffelbrei überbacken und als *Shepherd's Pie* serviert. Und in Schottland gibt es noch das *Haggis* aus Schafsmagen, gefüllt mit Lunge, Leber, Herz, Nierenfett, Hafermehl und Zwiebeln, bei dem der obligatorische Schuss Whisky nicht fehlen darf.

Oder Kalb: Selbst das Herz wird, gerollt in Fadennudeln oder Semmelbröseln, zu einer Spezialität namens *Love in disguise*. Verborgene Liebe – gibt es einen schöneren Namen für ein Gericht.

Berüchtigt ist der *Steak and Kidney Pudding*: Steak und Nieren unter Talgteig, manchmal kurioserweise mit Austern vermischt. Dazu gehört selbstverständlich *Worcestershire-Sauce*. Letztere stammt trotz ihres Namens nicht aus einer englischen Grafschaft, sondern

---

»Die Franzosen kochen,
wir öffnen Dosen.«

der Brite John Galsworthy

aus Indien. Ein gewisser Lord Marcus Sandys, ehemaliger bengalischer Gouverneur, brachte sie nach England als er 1835 an die Tür der Chemiker William Perrins und John Lea, ihres Zeichens wohnhaft in der Broad Street in Worcester, klopfte. Der Adlige verlangte nach einer Sauce indischen Rezepts, frohen Mutes brauten die Spezialisten alle Zutaten zusammen – um sich nach erster Kostprobe mit Grausen abzuwenden. Das Fass wurde in die hinterste Ecke des Kellers gerollt, bevor Perrins und Lea Monate später einen zweiten Test wagten. Wunder über Wunder, die Sauce schmeckte – und die beiden Gentlemen kauften dem Lord schleunigst das Saucenrezept ab.

Die ganze Meisterschaft traditioneller britischer Küche zeigt sich bei den diversen Braten: Selbst der französische Meisterkoch Carême schwärmte 1820 von den köstlichen *Roastbeefs* und erforschte neugierig die Delikatesse: Kam der Wohlgeschmack davon, dass die britischen Metzger ihre Rinder jünger als die Kollegen vom Kontinent schlachteten? War das Grillen über Kohle vielleicht besser als das in Frankreich übliche Rösten über Holz? Carême vermutete sogar, dass sich die englischen Grillspieße gleichmäßiger als in der Heimat drehten. Noch heute ist ein Roastbeef der Höhepunkt jedes feierlichen Menüs, mal gebraten mit *Yorkshire Pudding*, mal mit Pilzfüllung unter goldbraunem Blätterteig als *Filet Wellington*.

Englische Desserts sind wie geschaffen für kalte Wintertage oder erschöpfte Schwerarbeiter: Für *Trifle* etwa werden Biskuitscheiben in Sherry getränkt, darüber kommt eine ordentliche Schicht Vanillepudding, die wiederum mit einer dicken Sahnehaube versehen wird. Zu den beliebten Alltagsleckereien zählt der *Bread and Butter Pudding* aus Brot, Rosinen und Korinthen mit Ei-Milch-Creme. Und an Festtagen kommt natürlich *plum pudding* auf den Tisch, eine üppige Mischung aus Pflaumen, Ingwer, Datteln, Zucker, Rindertalg, Äpfeln, Milch, Eiern, Zimt und Brandy.

Das klingt üppig, kalorienmächtig und schwer wie ein Weihnachtsmenü aus einem Roman von Charles Dickens – und schmeckt irgendwie auch danach.

Das Couscous-Geheimnis

Wer die nordafrikanische Spezialität wirklich genießen will, darf das Gemüse nicht nach dem Motto »erst das Fleisch, dann die Kartoffeln« separat essen. Es wird zerdrückt und mit dem Hartweizengries vermengt.

Einige Rebsorten

Riesling

Traube von einigen der besten Weißweinen der Welt, besonders verbreitet in Deutschland und im Elsass. Vielseitige Rebe: aus Riesling werden sowohl trockene Gewächse wie auch Süßweine hergestellt.

Chardonnay

Weltweit verbreitete Rebsorte, besonders renommiert im Burgund (Chablis, Puligny-Montrachet, Mersault) sowie in der Champagne. In Österreich Morillon genannt. Reiche, feine Weine mit harmonischer Säure. Lagerfähig. Auch in Kalifornien, Südafrika, Italien oder Australien beheimatet.

Pinot Noir

Findet sich als kleiner Prozentsatz im Champagner und sorgt im Burgund bei Clos de Vougeot oder Chambertin für Furore. Tiefrote, fruchtige Weine.

Shiraz

Besonders in Südafrika und Australien verbreitete Rotweintraube, zeichnet sich durch tiefrote Farbe aus. Kräftig, alkoholreich, oft voller Tannin. Im Rhônetal als Syrah bekannt.

Gewürztraminer

Weißweintraube, verbreitet in Deutschland und im Elsass. Oft hoch aromatische, und – wie der Name schon sagt, würzige – Weine, die selbst zur asiatischen Küche passen. In der Region Jura ist die Rebsorte als Savagnin bekannt, aus ihr wird der Vin jaune (gelber Wein) erzeugt.

Sauvignon Blanc

Rebsorte für Sancerre und Pouilly-Fumé, sorgt auch für Säure und Frische bei den süßen Sauternes-Weinen. Die wichtigste Weißweintraube des Bordelais. Je nach Anbaugebiet (darunter auch Chile, Kalifornien, Neuseeland) können die Sauvignons von sehr leicht bis recht schwer ausfallen.

Sangiovese

Hervorragende italienische Rotweintraube. Chianti besteht zu 90 bis 100 Prozent aus Sangiovese.

Nebbiolo

Die Traube von Barola und Barbaresco, der renommiertesten Rotweine des Piemont. Bürgt für volle, kräftige Rote. Wird auch z. B. in Kalifornien angebaut.

Muskateller

Weißweintraube, nicht nur in Deutschland und im Elsass, sondern auch in südlichen Ländern angepflanzt. Frische und säurehaltige, meist jung zu trinkende Weine.

Cabernet Sauvignon

Eine der besten Rotweintrauben der Welt, wichtigster Bestandteil vieler Bordeaux-Weine (deren übrige Rebsorten sind Merlot, Cabernet Franc und Petit Verdot). Ihre Weine sind meist tiefrot, säurereich, voller Tannin (Gerbstoff), lagerfähig.

»Thomas Jefferson hätte mir viel Geld gespart, wenn er seine Weine selbst getrunken hätte.«

Verleger Malcolm Forbes nach dem Genuss einer Flasche 1792er Château Lafite aus dem Besitz des amerikanischen Präsidenten Jefferson. Ursprung und Jahrgang dieser Flaschen sind inzwischen höchst umstritten. Im Frühjahr 2007 wurden einige dieser Bouteillen vom Stern als Fälschung entlarvt.

Preise großer Bordeaux-Weine im Jahr 1961

alle Preise in französischen Francs,
entnommen dem Katalog des Weinhandelshauses Nicolas

1952

Château Gruaud Larose	8
Château La Mission Haut-Brion	11
Château Cheval Blanc	14
Château Haut-Brion	14
Château Margaux	14
Château Lafite-Rothschild	14

1950

Château Beychevelle	7
Château Montrose	7
Château Léoville Poyferré	7
Château La Mission Haut-Brion	11
Château Cheval Blanc	14
Château Margaux	14
Château Lafite	14
Château Latour	14

1948

Château Canon	7
Château Montrose	7
Cos d'Estournel	7
Château Léoville Las Cases	8
Château La Mission Haut-Brion	12
Château Pétrus	12
Château Mouton Rothschild	14
Château Margaux	14
Château Cheval Blanc	16

1947

Château Beychevelle	10
Château Mouton d'Armailhacq	10
Château Pichon Lalande	11
Cos d'Estournel	11
Château Montrose	11

1945

Château Beychevelle	10
Château Larcis Ducasse	10
Château Mouton d'Armailhacq	10
Château Talbot	11
Château Trotanoy	11
Château Léoville Las Cases	11

1928

Château Carbonnieux	12
Château Beychevelle	12
Château Desmirail	12
Château Malartic Lagravière	13
Château La Lagune (Magnum)	26
Château Gazin	14
Château Brane Cantenac	14
Château Montrose	15
Château Pichon Lalande	15
Château Léoville Las Cases	15
Château Gruaud Larose Faure	16

1920

Château Gazin	11
Château Durfort Vivens	12

1918

Château Gruaud Larose Faure	14
Château Haut-Bailly	16

Rubrik
Bouteilles Exceptionelles

1947

Château Latour	22

1929

Château Cheval Blanc	30

1928

Château Haut-Bailly	22
Château Mouton-Rothschild	30

1921

Château Rauzan Gassies	15
Château Montrose	15

1918

Château Latour	20

1916

Château Malartic Lagravière	16

Rubrik Prestigieuses Bouteilles Bordeaux Blancs (weißer Bordeaux)

1937 Yquem	35
1929 Climens	14
1908 Vigneau	14
1904 Vigneau	14

Rubrik
Prestigieuses Bouteilles

Diese Flaschen konnten bei Nicolas nur in Paris und Umgebung bestellt werden. Sie wurden bei Nicolas dekantiert und eine Stunde vor der Verkostung angeliefert.

1878

Smith-Haut-Lafitte	27
Branaire	30
Haut-Bailly	35

1870

Durfort-Margaux	50
Lafite	60
Mouthon Rothschild	60

1869

Cos d'Estournel	50
Palmer	50
Gruaud Larose Sarget	50

1868

Gruaud Larose Sarget	50
Léoville Las Cases	50
Lafite	60
Haut-Brion	60

1865

Gruaud Larose Sarget	50

Wem gehört Bordeaux?

Der Winzer mit Baskenmütze auf dem Haupt und Lehm an den Stiefeln gehört der Vergangenheit an. Die besten Weine des Bordelais stammen von Luxuskonzernen, Geschäftsleuten, Banken, Versicherungen und internationalen Holdings.

Gérard Perse, der Eigner von *Château Pavie, Pavie-Descesse, Monbousquet* und anderen Weinschlössern hat sein Vermögen mit Supermärkten gemacht.

Die Rothschilds waren Bankiers, bevor sie sich dem Weinbau widmeten. Zur Baron Phillippe de Rothschild SA gehören heute neben *Mouton-Rothschild* im Bordelais auch *Clerc Milon* und *Armailhac*, die Domaines Baron de Rothschild hingegen verfügen über die *Châteaus Lafite-Rothschild, Duhart-Milon, Rieussec, L'Évangile, Paradis Casseuil* und *Peyre-Lebade.*

Familie Mentzelopoulos von *Château Margaux* leitete einst das Supermarkt-Imperium Felix Potin.

Michel Reybier, ehemaliger Hersteller von Industriewürsten und -schinken (Justin Bridou, Aoste-Schinken), gehört heute das imposante Schloss *Cos d'Estournel*, wegen seiner Architektur weltweit als ›Taj Mahal von Saint-Estèphe‹ bekannt.

Jacques Merlaut, ehemaliger Weinhändler, ist Besitzer der *Châteaus Gruaud-Larose, Gressier Grand Poujot, Citran, Chasse-Spleen, Ferrière, Haut-Bages Liberal* und *La Gurgue* sowie der Handelsgesellschaften *Ginestet, Joseph Verdier* und *Compagnie Rhodanienne.*

Daniel Cathiard von Smith-Haut-Lafitte in den Graves wurde mit Supermärkten und Sportartikeln (Go Sport) reich, bevor er Karriere als Winzer machte.

Bernard Arnaults Luxuskonzern LVMH (Louis-Vuitton-Moët-Hennessy) schaltet und waltet nicht nur bei den Champagnern von *Krug, Dom Pérignon, Canard-Duchêne, Mercier* oder *Ruinart*, sondern auch auf *Château d'Yquem*, Hersteller des legendärsten Süßweins der Welt. Privat besitzt LVMH-Chef Bernard Arnault seit 1998 zusammen mit dem belgischen Geschäftsmann Albert Frère in St-Emilion außerdem das *Château Cheval Blanc*. Kaufpreis: etwa 128 Millionen Euro.

Die alteingesessene **Winzerfamile Lurton** besitzt *Château Climens* sowie den Nachbarn *Château Doisy-Dubroca*. In Margaux gehören ihnen *Château Brane-Cantenac*, *Château La Tour de Bessan* und *Château Durfort-Vivens*, *Villegeorge*, *Duplessis*, *Camarsac*, *Bouscaut*, *Desmirail*, *Haut-Nouchet*.

Axa Millesime, Tochter der französischen Versicherungsgruppe AXA, gehören bekannte Güter wie *Pichon Longueville*, *Cantenac-Brown*, *Pibran* und *Suduiraut*. Dazu Weingüter in Portugal *(Quinta do Noval)* und Ungarn *(Château Disznokö)*. Das *Sauternes-Château Suduiraut* dient dem Versicherungskonzern zusätzlich als Schulungszentrum, für Seminare und Presseempfänge.

Ähnlich wie **AXA** kalkulierten Mitte der Achtzigerjahre auch Konzerne wie **Suntory** oder **Allied Lyons** (das *Château Latour* an François Pinault, dem Eigner der Gruppe Pinault-Printemps-La Redoute und des Auktionshauses Christie's verkaufte). Selbst die eher bodenständige Banque Populaire erwarb mit *Château Fieuzal* 1994 ein reputiertes Weingut, das sie freilich sieben Jahre später an den Iren Lochlann Quinn abstieß. Als Chairman der Allied Irish Bank und Sponsor der Quinn Business School verfügt auch Lochlann Quinn über das nötige Kleingeld. »Schon in den Achtzigern wollte ich im Bordelais einen Weinberg kaufen. Aber die Hektarpreise waren sehr hoch«, erklärt Quinn trocken. »2001 waren sie nicht günstiger. Aber ich hatte mich inzwischen an das Preisniveau gewöhnt.«

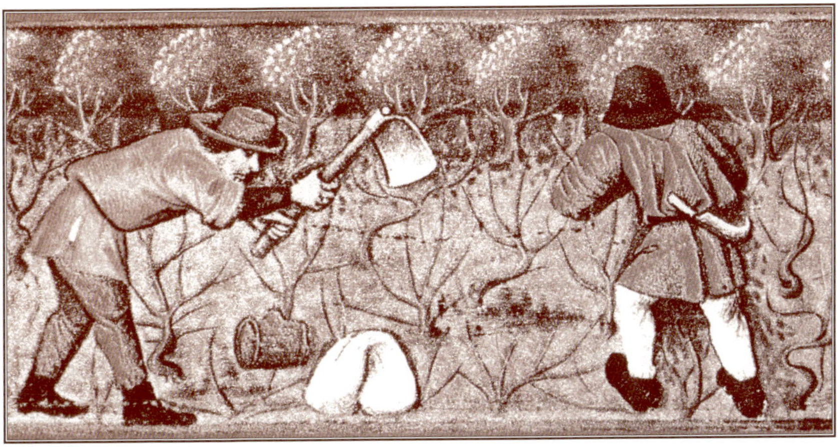

Ein Menü bei Jacques Maximin im Negresco

in Nizza

Steinbuttsalat à la mariniere
Seezungenfilets im Sud mit Ravioli
Seewolf unter Gemüsekruste
Tarte soufflée au caramel et pommes dorées

serviert am 25. März 1988 für 460 Francs

Perfektes Menü vom Entrée zum Dessert. Maximin war damals eines der Genies der Küche; viele seiner Kollegen sind der Ansicht, dass er dieses Hotel-Restaurant nie hätte verlassen sollen. Die finanziellen Sorgen des Alltagsbetriebs waren nicht seine Stärke.

Dekantieren

Nicht nur im Restaurant werden Weine zuweilen dekantiert, also in eine Karaffe umgefüllt. So bekommt der Wein eine kräftige Dosis Sauerstoff, ältere Bouteillen werden außerdem vom Bodensatz (Depot) befreit. Vielen jungen Weinen tut die Sauerstoffzufuhr gut, bei alten Weinen darf man vorsichtig sein: Dekantiert man Stunden vor dem Genuss, hat sich mancher Wein-Veteran schon in eine trübe, leicht alkoholisierte Flüssigkeit verwandelt. Viele Sommeliers empfehlen, rare Weine erst kurz vor dem Trinken zu dekantieren. Aber wie bei jeder Regel gibt es Ausnahmen: Einigen alten Weinen tut es ausgesprochen gut, Stunden vor der Verkostung dekantiert zu werden.

Temperatur

Die unausrottbare Regel, dass Wein bei Zimmertemperatur zu genießen sei, stammt übrigens aus der Zeit vor Erfindung der Zentralheizung. Rund 8–9 °C für Champagner, Schaumweine und leichte Weiße, 10–11 °C für schwerere Weiße wie Spätlesen, 12–13 °C für große Weißweine, etwa edle Chardonnays, 14–15 °C für leichte Rote à la Beaujolais, 16–17 °C für junge Rote und 18–19 °C für schwere, volle Rotweine wie Barolo, große Bordeaux etc. Im Zweifelsfall den Wein lieber ein Grad zu kalt servieren – warm wird er schließlich von selbst.

Ein vegetarisches Menü im Louis XV in Monaco

Knusprige Tarte von Frühlingsgemüse
Bouillon von weißen Bohnen
Kräutercannelloni
Gratin von spanischen Artischocken mit Mark und Trüffeln
Sorbets
Schokoladenkuchen Piano

serviert am 20. März 1989 zum Preis von 495 Francs

Ein weiteres Menü im Louis XV, diesmal vom 7. Oktober 2005

Hummerfumet mit Kastanienpüree
Steinpilze und kleine Äpfel, bittere Salate, Crostini mit Schinkenfett und junge Walnüsse, Steinpilzsauce
Pasta e Faglioli mit Muscheln und Krustentieren, Felskraken und Kalmaren
Rehrücken Elsässer Art, mit schwarzem Pfeffer abgerieben, Sauce Poivrade
Walderdbeeren aus dem Hinterland im eigenen Jus, Mascarponesorbet

Lange bevor andere Spitzenköche die Gemüse wiederentdeckten, gab es im Louis XV schon ein Gemüsemenü, zu dem z. B. ein *Morchelrisotto mit wildem Spargel* gehören kann.

Die Küche leitet damals wie heute Franck Cerrutti, der unter Insidern als ›Primus inter pares‹ der Alain-Ducasse-Schüler gilt. Die Welle der provenzalischen Küche, die bis heute andauert, wurde Ende der 1980er Jahre im Louis XV losgetreten. Damals waren Hotel-Restaurants wie dieses höchstens für großflächigen Einsatz von Kaviar und Foie Gras bekannt – dann setzte der junge Ducasse auf einmal bis zum Extrem verfeinerte Bauerngerichte auf die Karte.

Wie kommt der Kork in den Wein?

Kork im Wein entsteht durch die Präsenz von Trichloranisol (TCA). Dieses wiederum kommt z. B. durch Pilze, Hefe oder Bakterien kombiniert mit Chlor (etwa durch Regen oder Insektizide) direkt in die Korkeiche oder entsteht im Weinkeller z. B. durch Reinigungsmittel. TCA ist für menschliche Nasen höchst aufdringlich. Bereits ab 2-4 Nanogramm (also 0,000000004 g) im Burgunder Pinot Noir wird es auch von Wein-Anfängern wahrgenommen. 5 Nanogramm verkorken auch kräftigere Gewächse. Zwei weitere Weinverseucher gibt es: TeCA (2,3,4,6 Tetrachloranisol) kann aus falsch behandelten Gärbehältern, den Fässern oder dem Weinkeller an sich stammen. Manches noble Château musste da schon den gesamten Dachstuhl austauschen, weil er mit den falschen Insektiziden behandelt wurde. Auch TBA (2,4,6 Tribromoanisol) schlägt in der Kellerei zu, etwa nach Verwendung bestimmter Industrieharze. Fazit: Korkaromen entstehen stets durch Anisole.

Wie entfernt man Kork aus Wein?

Zum Beispiel mit *Dream Taste* aus dem frz. *Laboratoire Vect'oeur*. Der Trichter mit Banderole aus rotem Kunststoff und kitschiger Plastik-Weintraube mit kleinen Löchern verspricht, jeden Wein über kurz oder lang vom Kork zu reinigen. »Dream Taste funktioniert ganz ohne chemische Zusätze immer und überall«, berichten die beiden burgunder Erfinder Laurent Vuillaume und Gérard Michel. »Das verwendete Plastik zieht Anisole wie ein Magnet an«, erläutert Michel »Weil diese Moleküle keine natürlichen Weinbestandteile sind, sondern erst nachträglich in den Rebensaft gelangen, ändern sich die anderen geschmacklichen Eigenschaften der Weine nicht.« Die Kork-Moleküle verbleiben in der Plastiktraube, die deshalb vor jeder Reinigung ersetzt werden muss. Kostenpunkt: etwa fünf Euro. Die beiden Erfinder wissen: »Bei günstigeren Weinen lohnt sich die Filterung nur, wenn sie sentimentalen Wert haben.« Kritiker geben zu bedenken, dass die ›Vect'œur-Trauben‹ fast zu perfekt arbeiten und auch gewünschte Geschmacksnoten aus dem Wein vertreiben können.

Ein Menü bei Alain Chapel in Mionnay

Cappucino von Pilzen und Flusskrebsen
Seeigel à la coque

Barsch mariniert auf Äpfeln und Lauch

Steak von Kaninchen mit Sauce Bearnaise
und pommes croustillantes

Käse

Sorbet von Orange und Ananas
Karamelkuchen, gefüllte Erdbeeren, Oeuf à la neige

serviert im März 1989,
also noch zu Lebzeiten von Chapel,
zum Preis von 460 Francs

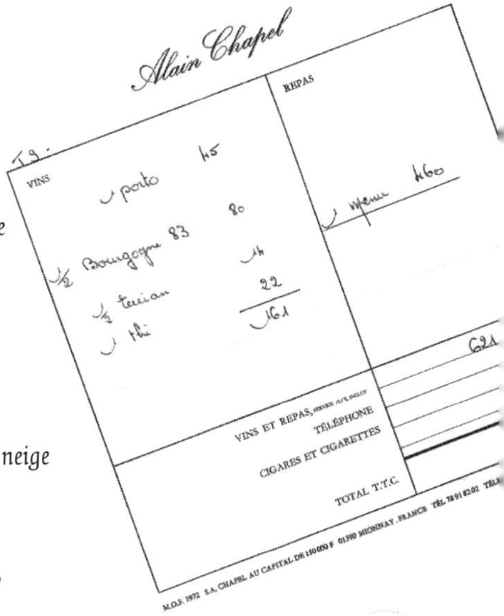

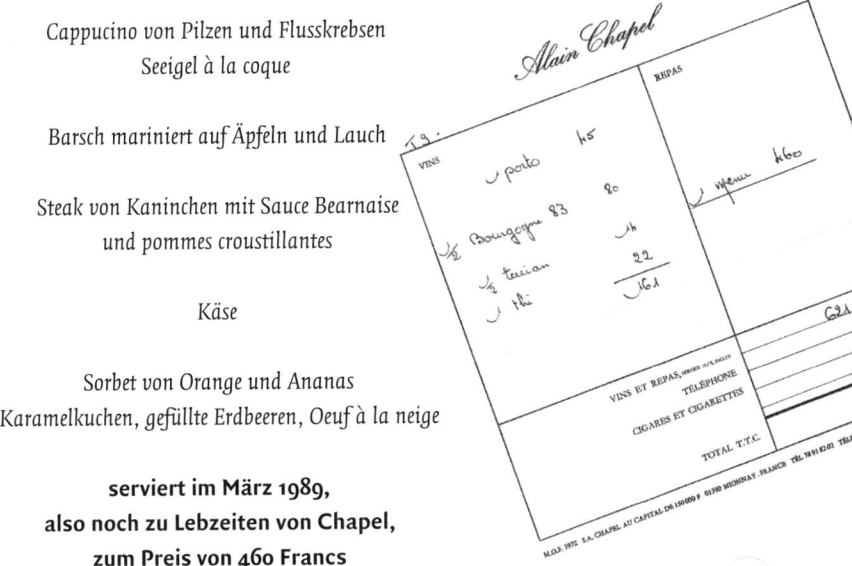

Kurioserweise scheint Chapel heute bekannter zu sein als zu seinen Lebzeiten. Gerichte wie der *Capuccino von Pilzen* wurden von Horden von Köchen kopiert. Chapel war ein ruhiger, souveräner Kochkünstler, bei dem die Schönheit oft in der Schlichtheit lag.

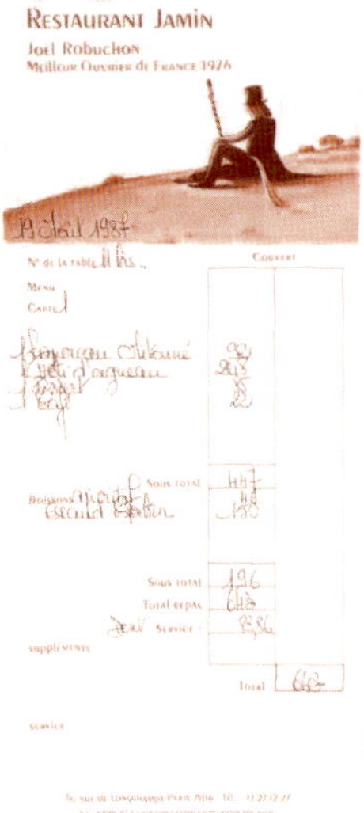
Restaurant Jamin
Joël Robuchon
Meilleur Ouvrier de France 1976

Ein Menü bei Jamin, damals mit Joël Robuchon am Herd

Wildkaninchen mit Gemüse in Gelee

Lammbraten auf Kräutern in der Salzkruste
mit frischen Nudeln und getrüffeltem Feldsalat

Dessert vom Wagen
(Himbeer-, Erdbeerkuchen, Sorbets, Eis)

à la carte Preis am 19. August 1987 zu 425 Francs

Anfang der Achtzigerjahre, zu Zeiten von Robuchons Aufstieg, verdaute die französische Gastronomie die Exzesse der Nouvelle-Cuisine-Zeit. Die Cuisiniers der Grande Nation begannen gerade, die ersten Kiwi-Lieferungen abzulehnen und sich die Frage zu stellen, was man den Gästen außer Brokkolimousse sonst anbieten könnte. Robuchon hingegen präsentierte im Jamin eine der ersten verfeinerten Versionen klassischer und ländlicher Gerichte wie *Lammbraten in Salzkruste*, *Merlan Colbert* oder *Schweinskopf Ile de France* – gekocht mit einer Präzision, die kaum ihresgleichen kannte. Sein berühmtestes Gericht: ein scheinbar simples Purée de pommes de terre – vulgo: Kartoffelbrei. Die Imitatoren bissen sich an dem vermeintlich einfachen Gericht buchstäblich die Zähne aus. Nicht allein der Butteranteil macht nämlich die pürierten Erdäpfel zum Feinschmeckergericht, sondern vor allem die richtige Kartoffelsorte. Robuchon hatte, bevor er seine Neuschöpfung lancierte, endlose Versuchsreihen mit allen bekannten Varianten gestartet. Beim Bauern Jean-Pierre Clot in Villegagnon mietete der Meister ein eigenes Kartoffelfeld, wo nach seinen Vorgaben u. a. La Ratte und *Agria* angebaut wurden.

Inzwischen hat Robuchon eines der besten Restaurants der Welt gegen die beste Tapas-Bar der Welt getauscht. In seinen Ateliers rund um den Globus gibt es Gerichte mit den selben Qualitäten, die seine Haute-Cuisine ausmachten.

Einige Weingüter, die noch mit Pferden arbeiten

Domaine de la Romanée-Conti, Comtes Lafon, Château Pape-Clément, Château Magdeleine. Sie nutzen Weinbaupferde des Trainers Abel Bizouard aus Beaune um die Mikrofauna des Weinbergs zu schonen.

Winzer, die einige Weine in Amphoren ausbauen

— **Josko Gravner** aus dem Friaul baut seine Weine in georgischen Amphoren aus. Für den Ausbau werden wilde Hefen verwendet, Zucker oder Schwefel sind tabu und auf Temperaturkontrolle verzichtet Gravner.
— **Angiolino Maule,** La Biancara in Veneto, baut Weine in 350 Liter-Amphoren aus.
— **Peter Jakob Kühn** in Oestrich im Rheingau baut Weine in georgischen Amphoren aus.

Weine degustieren

Wer mehrere Weine nacheinander kosten möchte, sollte einige Grundregeln beachten – egal ob zu Hause oder im Restaurant:

— Zuerst junge, leichte Weine servieren, die älteren folgen danach – andernfalls würden die jungen von der Geschmacksfülle der älteren erschlagen.

— Trockene Weine vor süßen trinken – sonst betäubt der Restzucker die Zunge.

— Bessere Weine nach den einfacheren trinken, so steigert sich der Wohlgeschmack wie in einem guten Menü. Denn wer will den Tisch schon mit dem Gedanken daran verlassen, dass er zuvor weit besseres getrunken hat.

Ein Menü im Comme chez Soi

in Brüssel

Salat von Jakobsmuscheln

Mousse vom Ardenner Schinken

Seezungenfilet in Rieslingschaum mit grauen Crevetten

Gebratene Lammnüsschen mit Gemüsen der Saison

Dessert l'Ile maison en surprise

serviert zum Preis von 1700 belgischen Francs am 2. Mai 1987

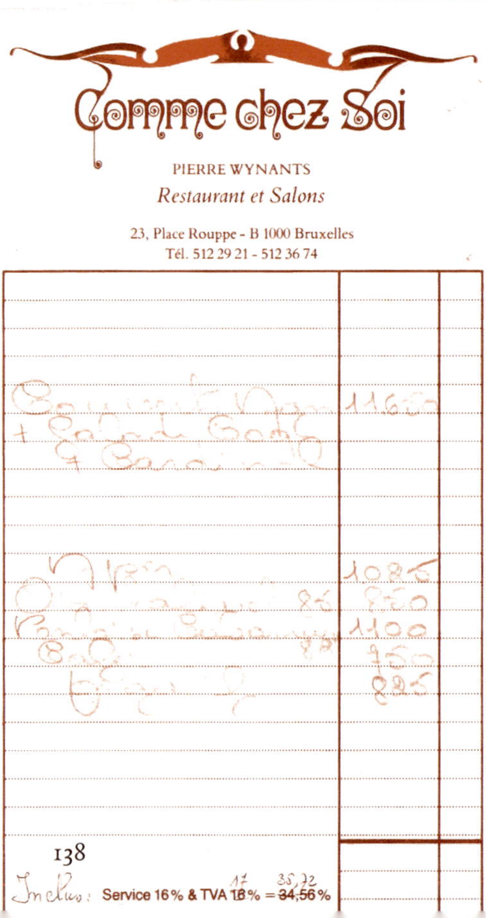
Comme chez Soi
PIERRE WYNANTS
Restaurant et Salons
23, Place Rouppe - B 1000 Bruxelles
Tél. 512 29 21 - 512 36 74
Service 16% & TVA 18% = 34,56%

Zu Zeiten von Pierre Wynants Großvater Georges Cuvelier war der prachtvolle Feinschmeckertreff eine simple Friture in einem Arbeiterviertel. Mit Wynants Vater Louis hielt die bessere Küche Einzug ins Lokal: *Seezungenfilets in Rieslingmousseline* war eine der Spezialitäten des Hauses. Erst trug der Kellner die Seezunge auf, dann brachte Wynants Senior die kleine Kasserolle mit der Mousseline zum Gast. Der Topf blieb am Tisch und Wynants Senior machte sich eine offenkundige Freude, wenn Gäste die locker-leichte Mousseline genießerisch auslöffelten. Dieses Menü, das bis heute in ähnlicher Form auf der Karte steht, erinnert an die Ursprünge des Hauses.

Tasting-Glasses

(Prices page 37.)

VERRES À DÉGUSTER

S 834 S.835 S 836 S.837 S.844

VERRES À GRAI DE FINE CHAMPAGNE

S.845 S.846 S.847 S.848 S.849 S.850 S.851

VERRES À VIN DE CHAMPAGNE, VERRES À VIN MOUSSEUX

S.889 898

VERRES À SHERRY

S.881 S.882 S.878 S.879 S.888

Verres à vin de Champagne
forme coupe forme flûte

Kleines Weinglossar

Abgang Geschmackseindruck nach dem Schlucken. Bleibt das Aroma lange im Mund?

Adstringierend ist ein Wein mit viel Tannin (Gerbstoff)

Alkohol Weine haben zwischen 8,5 und 15 Volumenprozent davon

AOC Appellation d'origine contrôlée. Auszeichnung erstklassiger französischer Weine.

Assemblage Verschneiden (Mischen) verschiedener Rebsorten (etwa beim Bordeaux) oder Mischen desselben Weins aus mehreren Fässern

Aufspriten Alkohol oder Weinbrand in den Wein geben. Wird zur Herstellung von Likörweinen wie Port durchgeführt.

Ausbau Reifung des Weines, meist in Stahltanks oder Holzfässern.

Auslese Prädikatsstufe deutschen Weins für Weine mit 90 bis 100 Grad Öchsle.

Barrique Eichenholzfass mit 225 Liter Inhalt.

Beerenauslese Süßwein aus, von Edelfäule (Botrytis) befallenen, Beeren mit 110 bis 128 Grad Öchsle.

Botrytis cinerea – Edelfäule Faule Trauben führen nicht immer zu minderwertigem Wein: *Botrytis cinerea* heißt ein Pilz, mit dem man rund um Sauternes und in Deutschlands besten Lagen Trauben befallen lässt. Die Pilzsporen durchdringen die Haut der Beeren und fördern die Verdunstung von Wasser im Fruchtfleisch. So trocknen die Trauben aus, die Konzentration von Zucker und Fruchtstoffen erhöht sich, der Glyceringehalt steigt, der Wein wirkt öliger und geschmeidiger, sein Aroma und Duft können Honig ähneln. Solche Edelsüßen schmecken etwa zu Foie Gras oder Blauschimmelkäse.

Brut frz. für trocken

Cava spanischer Schaumwein

Cave Weinkeller

Champagnermethode Flaschengärung beim Champagner. Außerhalb der Champagne nach derselben Methode hergestellte Weine tragen die Aufschrift méthode classique oder méthode traditionelle.

Chaptalisieren Anreichern des Mostes mit Zucker

Crémant Schaumwein

Cru frz. für eine gute Weinlage

Cuvée Mischung von Grundweinen aus verschiedenen Rebsorten oder Jahrgängen

Dekantieren Umfüllen des Weins in eine Karaffe

Depot Schwebeteilchen im Wein, kein Zeichen fehlerhaften Weins

DO spanisch für kontrollierte Ursprungsbezeichnung

DOC italienisch für kontrollierte Ursprungsbezeichnung

DOCG höchste Auszeichnung für italienische Weine, derzeit nur sechzehn Weinen (Barola, Barbaresco, Chianti) zugestanden

Edelfäule vgl. Botrytis

Edelzwicker nichts übermäßig Edles, sondern ein aus verschiedenen Rebsorten gekelterter Wein.

Eiswein seine Trauben werden bei mindestens minus 8 °C gelesen und in gefrorenem Zustand gepresst. Hat mindestens die Qualität einer Beerenauslese.

Eiweiß dient zur Klärung von Rotwein, bindet dabei Hefe und Trübstoffe

Flaschengärung zweite Gärung bei Champagner und anderen, auf traditionelle Art hergestellten Schaumweinen. Wie der Name schon sagt, findet sie in der Flasche statt.

Grand Cru Bezeichnung für die besten Lagen und Weine in frz. Weinbaugebieten

Gran Reserva mindestens sechs Jahre gereifter spanischer Roter. Zwei Jahre verbringt eine Gran Reserva im Holzfass.

Halbtrocken heißen Weine mit einem Restzuckergehalt von 10 bis 18 Gramm pro Liter.

Lage Ort und Weinberg, wo der Wein gewachsen ist. Achtung: In Deutschland gibt es viele Großlagen, die ortsübergreifend Einzellagen zusammenfassen und sich nicht selten mit dem Namen der reputiertesten Einzellage schmücken. Nicht gerade verbraucherfreundlich: Auf deutschen Etiketten darf nicht präzisiert werden, ob der Wein aus Einzel- oder Großlage stammt.

Lagerfähig nennt man Wein mit Alterungspotential, den man auch in Jahren noch genießen kann.

Likörwein Dessertweine mit 15 Volumenprozent Alkohol und mehr (Sherry, Port, Banyuls, Madeira)

Magnum Flasche mit 1,5 Liter Inhalt

Mostgewicht Maßeinheit für Zuckergehalt (und damit potentiellen Alkoholgehalt) des Weins. Hierzulande in Öchsle gemessen.

Nase Duft und Bukett des Weins

Öchsle Maßeinheit des Mostgewichts. Erklärt grob gesagt, um wieviel Gramm ein Liter Most schwerer ist als ein Liter destilliertes Wasser.

Oxidation entsteht bei langem Kontakt des Weins mit Sauerstoff, trübe Farbe und muffiger Duft können zu den Folgen gehören.

Phylloxera wissenschaftlicher Name für Reblaus

Sommelier Weinkellner

Schwefel wird zwecks Haltbarmachung dem Wein zugesetzt und schützt vor Oxidation.

Tannin Gerbstoff. Rotwein enthält durch das Vergären der Beerenhäute und eventuellen Ausbau im Barrique die meisten davon.

Tastevin silberne Probierschale, heute reine Dekoration

Terrior Bodeneigenschaften des Weinbergs, in weiterem Sinne: Der Einfluss der Bodeneigenschaften auf den Wein.

trinkreif nennt man einen Wein, der das richtige Alter erreicht hat, um serviert zu werden.

trocken Wein mit weniger als 9 Gramm Restzucker pro Liter.

Trockenbeerenauslese Edelsüßer Wein mit mindestens 150 Grad Öchsle.

Vinifikation Weinbereitung

vintage englisch für Jahrgang

Weinstein Ablagerungen der Weinsäure in Weißweinen. Für sich allein harmlos und kein Qualitätsfehler.

Champagner-Lagen

Lagen-Champagner ist selten: Bekannteste Einzellage ist *Krugs Clos du Mesnil*, der pro Jahr gerade mal 12 000 Flaschen hervorbringt. Auch Salon hat einen Jahrgangschampagner, Le Mesnil, dessen Trauben aus Spitzenlagen um Mesnil sur Oger stammen, im Angebot.

Die sogenannten *Clos* sind außerhalb der Region kaum bekannt. Neben dem *Clos du Mesnil*, 1,87 Hektar Chardonnay, die 1698 erstmals gepflanzt wurden, sind das etwa der *Clos Saint Jacques*, 25 Ar in Ay, die dem Haus Bollinger gehören. Oder der *Clos Saint-Pierre*, 5 Hektar zwischen Cuis und Monthelon im Besitz von Pol Roger, der *Clos du Moulin* (2,2 Hektar Pinot und Chardonnay) von Cattier, der *Clos des Champions* mit 70 Prozent Pinot Noir in Cumières.

Als größte Einzellage gilt der *Clos des Goisses*, 5,5 Hektar die 1936 von Pierre Philipponnat gepflanzt wurden: Der Weinberg liegt an einer spektakulären und für die sonst eher leicht hügelige Champagne völlig untypischen Steillage und wird vom Marne-Kanal gesäumt, der das Sonnenlicht nochmals auf die Trauben zurückwirft.

Jüngster *Clos* ist der *Faubourgs Notre Dame*, 13 Ar auf dem Gelände von Champagne Veuve Fourny. Seine Chardonnay-Reben wurden schon 1950 angepflanzt, die Anerkennung als Lage durch die INAO erfolgte 1990. *Notre Dame* bringt einen Blanc de Blancs Premier Cru hervor – er wird in drei Jahre alten Fässern vinifiziert, die aus dem Keller des renommierten Burgunder Winzer Michelot in Meursault stammen.

Champagner-Premier Crus und Grand Crus

Die Einteilung nach Grands Crus und Premiers Crus ist nicht direkt mit dem Bordelais oder der Bourgogne vergleichbar. Reiner Premier Cru oder Grand Cru Champagner ist im Handel eher selten.

Von den Grand Cru-Lagen gibt es gerade mal 17. Bekannte sind dabei, wie eben *Le Mesnil-sur-Oger, Avize, Ay und Ambonnay* – oder so gut wie unbekannte wie *Puisieulx, Louvois* oder *Sillery*. Präzise ist diese Grand-Cru-Einteilung leider nicht: Beurteilt wird die Gesamtproduktion eines Dorfes, nicht nur die besten Einzellagen.

Noch dazu kann die Cru-Regelung dazu dienen, den Verdienst der Weinbauern zu bestimmen. Nicht etwa durch den Flaschenpreis, sondern nach Traubengewicht: Champagner-Winzer messen ihren Ertrag nicht in Hektolitern, sondern in Kilogramm.

Nur der sogenannte ›Récoltant-Manipulant‹, erkennbar an einem RM auf dem Etikett, deckt seinen Bedarf an Trauben nämlich aus dem eigenen Weinberg. Champagnerhäusern fällt das Kürzel NM (Négociant-Manipulateur) zu: Sie kaufen Trauben, Moste oder Grundweine an und verarbeiten sie weiter. Den rund 200 Kellereien, die für 90 Prozent des Exports sorgen, stehen etwa 20 000 Weinbauern mit insgesamt 85 Prozent der Rebfläche gegenüber. Weil Champagner nur auf den derzeit 30 396 Hektar der gleichnamigen Region angebaut werden darf und die Traubenmenge pro Hektar jedes Jahr vor der Lese festgelegt wird, lassen sich letztere ihr Lesegut teuer bezahlen: Zwischen 4,10 Euro in Gemeinden wie Ailleville oder Provervile und 4,90 Euro pro Kilo Trauben in Oger oder Chouilly schwankten die offiziellen Preise pro Kilo Trauben 2006. Einige Champagnerhäuser zahlen den Winzern bis zu 20 Cent mehr pro Kilo. Je nach Cru-Klassifizierung kann dieser Preis sinken.

Grand-Crus, etwa aus den Anbaugebieten *Côte des Blancs* und *Montagne de Reims*, sind mit der Höchstwertung von 100 Prozent klassifiziert. 100 Prozent hieß für den Weinbauern: voller Preis. Sein Nachbar aus Verzy durfte die Ware für 90–99 Prozent des Höchstpreises auf den Markt bringen: Dies entspricht einem Premier Cru. Ist die Lage mit weniger als 90 Prozent klassifiziert, hat der Winzer kein Recht auf eine prestigeträchtige Cru-Bezeichnung und auch sein Einkommen kann sinken.

Namen der als Grand-Cru eingestuften Gemeinden der Champagne:

Ambonnay, Avize, Ay, Beaumont-sur-Vesle, Bouzy, Chouilly, Cramant, Louvois, Mailly-Champagne, Le Mesnil-sur-Oger, Oger, Oiry, Puisieulx, Sillery, Tours-sur-Maarne, Verzenay, Verzy.

Rot + Weiß

Roséchampagner kann gleich auf zweierlei Art hergestellt werden: Entweder man unterzieht einen Roséwein (den man zum Beispiel durch stärkere Pressung der roten Trauben gewinnen kann) der klassischen *méthode champenoise*. Oder man mischt dem weißen Champagner tatsächlich etwas Rotwein (10–15 Prozent) bei. Die kuriose Rechnung Rot + Weiß = Rosé erlaubt das französische Recht ausschließlich und exklusiv in der Champagne. Anders als beim Wein liegt der Unterschied vor allem in der Farbe. Roséchampagner gilt in französischen Restaurants als femininer, wer kein professioneller Champagner-Verkoster ist, wird ihn blind vom weißen Champagner kaum unterscheiden können.

Das Champagner-Etikett

In der Champagne werden Chardonnay, Pinot Noir und Pinot Meunier-Reben angebaut

Was ist was?

Blanc de Noirs-Champagner besteht ausschließlich aus *Pinot Noir* und / oder *Pinot Meunier*. Blanc de Blancs besteht zu 100 Prozent aus Chardonnay.

Je nach Dosage, einem Gemisch aus Wein und Zucker das den Degorgierverlust ausgleicht, prangt auf dem Etikett eine der folgenden Bezeichnungen:

Brut = Restzuckergehalt weniger als 15 g/l
Brut Nature = Restzuckergehalt weniger als 3 g/l
Extra Brut = Restzuckergehalt 0,7-6 g/l
Extra Dry = Restzuckergehalt 12-20 g/l
Sec = Restzuckergehalt 17-35 g/l
Demi-Sec = Restzuckergehalt 33-50 g/l
Doux = Restzuckergehalt über 50 g/l

Marktbeherrschend ist der Brut.

Wer ist wer?

Das Etikett verrät, ob der Champagner von einer großen Marke, einem Winzer oder einer Genossenschaft stammt – wenn man zwei kleine Buchstaben richtig entschlüsselt.

NM Négociant-Manipulant

Champagnerhaus. Kauft Trauben, Most oder Grundwein, um sie weiter zu verarbeiten.

RM Récoltant-Manipulant

Champagnerwinzer. Stellt ausschließlich eigene Champagner aus eigenen Weinen her.

RC Récoltant-Cooperateur

Genossenschaftswinzer. Liefert seine Trauben an eine Genossenschaft und bekommt im Gegenzug entweder fertigen Champagner oder Champagner, der auf der Hefe liegt und noch zu degorgieren und zu dosieren ist.

CM Cooperative de Manipulation

Genossenschaft. Verarbeitet die Trauben ihrer Mitglieder zu eigenem Champagner, verfügt über eine eigene Marke.

SR Société de Recoltants

Seltene Konstellation einer Winzervereinigung, die Weine aus der Ernte ihrer Gesellschafter verarbeitet.

ND Négociant Distributeur

Vertriebsgesellschaft. Kauft fertige Champagner an und versieht sie mit eigenem Etikett.

R Récoltant

heißt der Winzer, der keine eigenen Weine ausbaut und keiner Genossenschaft angehört, sondern seine Trauben stattdessen an den NM (siehe oben) verkauft.

MA Marque d'acheteur

Handelsmarke, die meist nicht dem Champagnerhersteller, sondern seinem Kunden gehört.

Tipps zum Champagnergenuss

Neonlicht schadet Champagner – auch das im Supermarkt. Nach etwa einem halben Jahr kann man die falsche Lagerung manchmal herausschmecken.

Ebenfalls tabu sind hohe Temperaturen oder extreme Temperaturschwankungen. Am besten lagert man die Bouteillen bei ca. 13 °C im Dunkeln.

Kleine, feine Champagner-Winzer

Anselme Selosse

Champagne Jacques Selosse

Selosse spricht über seine Weine, wie andere über ihre Kinder reden: Er »vertraut ihnen«, »glaubt, dass sie das Beste aus sich machen werden«. Den Weinbau hat der Biowinzer im Burgund gelernt, Kritiker halten ihm deshalb gern vor, er mache perlenden Burgunder. Die Freunde des Hauses lieben den charakterstarken Champagner, der durchaus ein ganzes Menü begleiten kann. Ausbau im Fass und lange Lagerzeiten zeichnen Selosses Gewächse aus, die gerade mal 42 000 Flaschen sind lange im Voraus vergriffen.

Erick de Sousa

De Sousa & Fils

Trotz kleiner Anbauflächen: Erick De Sousa beliefert die Elite der Gastronomie. Sein Geheimnis: Bio-Anbau, 6,5 Hektar Weinberge in besten Lagen wie Avize, Cramant und Oger sowie eine erstaunliche Menge an alten Rebstöcken, die zum Teil von seinem Vater und Großvater vor gut 50 Jahren gepflanzt wurden. Fast ein bisschen wie Krug vinifiziert er die Grundweine für seine *Cuvée des Caudalies* im Eichenholzfass.

Egly-Ouriet

Francis Egly

Das Potential des Terroir von Ambonnay, Bouza und Verzenay findet sich in den Bouteillen von Francis Egly. Sein *Blanc de Noirs Vieilles Vignes* ist eine Rarität, nicht umsonst gilt die Region als eines der besten Anbaugebiete für Pinot Noir-Trauben. »Neben der Lese von Hand setzen wir auch auf besonders lange Ruhezeiten für unsere Champagner: Vier Jahre für den normalen Brut, rund sechs Jahre für Jahrgangschampagner.« Eglys Preis-Leistungsverhältnis ist vorbildlich, kein Wunder, dass die rund 68 000 Flaschen seiner acht Hektar sich bestens verkaufen.

Große Jahrgänge Dom Pérignon

nach Denis Garret, Sommelier

Die Jahrgänge 1961, 1964, 1973 und *Dom Pérignon Rosé* 1969 haben fast Bestnoten bekommen. Besonders der 61er und der 64er haben alles: große Reife, Nusstöne, junge Säure und viel Frische. Die Aromen von Butterkaramell sind deutlich von den Frucht- und Nussnoten getrennt, die Weine sind lang im Abgang mit einem grandiosen, vom Kaffee dominierten Finale. Der 69er Rosé verfügt über eine bestens strukturierte Pinot Noir-Nase und wirkt auf die Papillen fast wie ein klassischer Burgunder: rote Früchte, Erdbeeren, Himbeeren, Bitterschokolade, Trüffel und Leder – ein wahrer Nektar.«

Das Bier wird entdeckt

3. Jahrtausend v. Chr.

Im Gilgamesch-Epos wird Bier erstmals in der Literatur erwähnt.
Urmensch Enkidu wird durch den Genuss von Bier zum modernen Menschen:

Enkidu weiß nicht, wie man Brot isst,
versteht es nicht, Bier zu trinken.
Da tat die Dirne ihren Mund auf
und sprach zu Enkidu:
»Iss das Brot, Enkidu, das ist das Leben,
und trinke Bier, wie es Brauch ist im Lande.«
Enkidu aß das Brot, bis er satt war,
und trank Bier, sieben Krüge voll.
Da entspannte sich sein Inneres
und sein Herz frohlockte,
sein Antlitz strahlte und er wurde heiter.
Er wusch sich den zottigen Leib
und salbte sich mit Öl
und ward ein Mensch.

Waschen, Brot backen und Bier brauen waren demnach für unsere fernen Vorfahren gewissermaßen die Definition der Zivilisation. Die Dirne Ninkasi wurde zur Bier-Göttin. Selbst in einer ägyptischen Brauerei fand sich eine Lobeshymne auf sie – und das Bier.

Drei Weinbars

Le Bistro du Sommelier

Hervé Valverdes Bistro ist das einzig wahre Weinlokal von Bordeaux. 15 000 Flaschen von über 120 Winzern, gute Bouteillen zu verhältnismäßig günstigen Preisen. Neben Klassikern wie *Château Pavie*, *Montrose* oder *Haut-Brion* findet man ohne weiteres günstige Weinentdeckungen der Region zu Preisen um 20 Euro. Dazu gibt es simple, aber gute Gerichte wie Stockfischsalat mit Tomate, Foie Gras mit Sellerie, überbackenen Ziegenkäse, Entenbrust mit Pfeffer oder Blutwurst mit Kartoffelpüree. Besonders beliebt als Grundlage für flüssige Genüsse ist das Rinderkotelett für zwei und die Austernplatten. Für Zigarrenfreunde: Hier trifft sich der Havanna-Club von Bordeaux.

geschl. Sa mittag, So,
Bordeaux, 163, r. Georges-Bonnac, Tel.: +33 0556967178
www.bistrodusommelier.com

Veritas

Bei Veritas würde mancher gern für den heimischen Weinkeller hamstern: *Krug Clos de Mesnil 85*, *45er Mouton-Rothschild*, *Château Margaux 1900* (sowie zumindest einen Bordeaux aus der Zeit vor der Reblauskrise), *82er Pétrus*, *84er Laville Haut-Brion*, *88er Hermitage von Chave* – und selbst rare Flaschen sind günstiger als bei der letzten Auktion oder beim Weinhändler zu haben. Damit nicht genug: Selbst von raren Bouteillen liegt mehr als eine bloße Renommierflasche im Keller und die Weinkarte wechselt so häufig, wie die Genießer die Flaschen leeren können. Das Geheimnis dieses Weinwunders? Veritas ist tatsächlich kein Restaurant, zumindest keines im herkömmlichen Sinne. Die New Yorker Weinsammler Steve Verlin und Park B. Smith hatten eines Tages bemerkt, dass sie mindestens drei Leben brauchen würden, um die Schätze ihres Kellers stilvoll zu leeren und machten – fast eine philanthropische Geste – die über Jahre gesammelten Bouteillen zum Grundstock eines Lokals.

43 East 20th Street, nähe Park Avenue South, New York, Tel.: (212) 353-3700

Enoteca La Sosta del Rosselino

Ein altes Pfarrhaus in den Hügeln über Florenz, mit wunderbarer italienischer Küche und einer Weinauswahl, die sich schmecken lassen kann. Große *Barolo* und *Barbaresco* werden hier zuweilen auch glasweise serviert.

Via del Rossellino, 2r, I-50135 Settignano / Firenze, Tel & Fax: +39 055 697 245

Whisky ohne Irland und Schottland?

Guter Whisky lagert nur in irischen und schottischen Destillen? Die regionalbewussten Bretonen trinken seit langem *Whisky Breton WB* oder *Armorik Whisky*, zwei Destillate aus Lannion hoch im Norden.

Und Michel Couvreurs ebenso teure wie gefragte Whisky-Destillate ruhen nahe Beaune im Burgund: Sein Wasser stammt aus Zisternen beim Loch Katrine, die alten Sherryfässer werden von ihm selbst in Andalusien ausgesucht. Destilliert wird sein Malt in Aberdeenshire, bevor er zwölf Jahre oder länger in Burgunder Weinkellern weilt. Inzwischen reißen sich Top-Restaurants aus aller Welt um die franco-schottischen Erzeugnisse, etwa den hochgerühmten *69er Single-Single*. Couvreur war eine Zeit lang der einzige Mensch auf Erden, der Whisky aus Schottland ausführen durfte, um ihn anderswo reifen zu lassen. Doch sein Monopol ist brüchig: Der Korse Pierre-Francois Maestracci hat den großen Burgunder 2003 imitiert: Sein Whisky *Altore* stammt aus Schottland, wird aber in Patrimonio in Muskatellerfässern gelagert. »Schon im ersten Jahr verkauften wir 8 000 Flaschen«, freute sich der Eigner.

Ein Menü bei Fernand Point

im Restaurant La Pyramide

Brioche von Foie Gras
Wildterrine Grand Veneur

Seezungenfilet Napolitaine
ODER Forelle blau Sauce Hollandaise

Perlhuhn mit Gratin Dauphinois
ODER Bressepoularde à la Crème mit Reis Pilaff

Käse

Eis und Sorbet, Kuchen und Früchte

serviert am 16.2.1966 zum Preis von 50 Francs

Die teuersten Cocktails der Welt

ermittelt vom Forbes Traveller im September 2006

Dazzle

in der Bar im zweiten Stock von Harvey Nichols, Manchester

Preis: 51 200 $

Zutaten:

Rosé Champagner
Erdbeerlikör
Litchilikör
Zitronensaft
Sirup
18-Karat Weißgoldring mit rosa Turmalin und Diamanten

Der Drink wird von Sicherheitspersonal an die Bar geleitet.

Martini on the Rock

in der Blue Bar im Algonquin Hotel, New York

Preis: 1 000 $

Zutaten:

Wodka
trockener Wermut
Olive
Diamant (1,52 Karat)

Dieser Drink muss 72 Stunden im Voraus bestellt werden – aber wer weiß schon, ob er in 72 Stunden Durst hat.

Diamond Cocktail

in der Piano Bar im Sheraton Park Tower Hotel, London

Preis: 4 350 $

Zutaten:

Champagne Charles Heidsieck 2001
Remy Martin Louis XIII Cognac
Angostura bitter
Würfelzucker
ein Diamant von 0,6 Karat

Auch hier gilt: Der Stein macht's.

Sapphire Martini

im Mezz im Foxwoods Resort Casino, Connecticut

Preis: 3 000 $

Zutaten:

Bombay Sapphire Gin
Blue curaçao
ein Spritzer trockenen Wermut
Blauer Zucker für den Glasrand
Platin-Ohrringe mit Diamant (0,8 Karat) oder Saphir (2,5 Karat)

Platinum Passion
im Duvet, New York
Preis: 1 500 $

Zutaten:
L'Esprit de Courvoisier
ein Spritzer Zitrone
hausgemachter Sirup aus Passionsfrucht, Waldbeeren, Honig von Wildblumen, brauner Zucker
mit Ruinart Champagner auffüllen

Der mit einer Orchidee dekorierte Drink wird angeblich gern von Paris Hilton und Pamela Anderson genossen. Auch die russische Website tolady.ru schwärmt davon.

The Red Ruby
im Reserve, Chicago
Preis: 950 $

Zutaten:
Grey Goose L'Orange Wodka
Hypnotiq Cognac
Orangensaft
Pama (Granatapfel-Likör)
ein Spritzer Champagne Dom Perignon
ein Rubin von einem Karat

Magie Noire
im Umbaba Nightclub, London
Preis: 630 $

Zutaten:
Richard Hennessy Cognac
Dom Perignon Jahrgangschampagner
Créme de mure
Zitronengras
Litschis
Yohimbeextrakt

Kommt mit einem 24-karätigen Cocktail-piekser mit Totenkopf.

Ritz Side Car
in der Bar Hemingway im Ritz, Paris
Preis: 515 $

Zutaten:
1830 Ritz Reserve cognac
Cointreau
etwas frischer Zitronensaft
enthält keine Steine, aber dafür hauseigenen Cognac aus der Zeit vor der Reblauskrise (etwa 1830)

Sword Martinis
in Jambu's Bar im Raffles Resort Canouan Island, Grenadinen
Preis: 300 $

Zutaten:
Belvedere Wodka
Trockener Wermut
Lemon twist
Kaktuswurzel

Wird serviert mit einem Cocktail-piekser in Form eines Goldschwertes (14 Karat). Die Jambu's Bar verfügt über verschiedene Schwert-modelle von König Arthurs Excalibur bis zum japanischen Bushido.

Wie lese ich ein Etikett?

Diese Substanzen verstecken sich hinter den diversen E-Nummern auf Nahrungsmitteln.

E-Nummer	Name *Verwendungszweck*

E 100 Kurkumin
Farbstoff

E 101 Riboflavin, Riboflavin-5-Phosphat
Farbstoff

E 102 Tartrazin
Farbstoff

E 104 Chinolingelb
Farbstoff

E 110 Gelborange S
Farbstoff

E 120 Echtes Karmin
Farbstoff

E 122 Azorubin
Farbstoff

E 123 Amaranth
Farbstoff

E 124 Cochenillerot
Farbstoff

E 127 Erythrosin
Farbstoff

E 128 Roth 2G
Farbstoff

E 129 Allurarot AC
Farbstoff

E 131 Patentblau V
Farbstoff

E 132 Indigotin I
Farbstoff

E 133 Brillantblau FCF
Farbstoff

E 140 Chlorophylle und Chlorophylline
Farbstoff

E 141 Kupferhaltige Komplexe der Chlorophylle und Chlorophylline
Farbstoff

E 142 Grün S
Farbstoff

E 150 a Einfaches Zuckerkulör
Farbstoff

E 150 b Sulfitlaugen-Zuckerkulör
Farbstoff

E 150 c Ammoniak Zuckerkulör
Farbstoff

E 150 d Ammonsulfit-Zuckerkulör
Farbstoff

E 151 Brillantschwarz BN
Farbstoff

E 153 Pflanzenkohle
Farbstoff

E 154 Braun FK
Farbstoff

E 155 Braun HT
Farbstoff

E 160 a Carotine, gemischte Carotine, Beta-Carotin
Farbstoff

E 160 b Annatto; Bixin, Norbixin
Farbstoff

E 160 c Paprikaextrakt; Capsanthin, Capsorubin
Farbstoff

E 160 d Lycopin
Farbstoff

E 160 e Beta-apo-8-Carotinal (C 30)
Farbstoff

E 160 f Beta-apo-8-Carotinsäure-Etyhlester (C 30)
Farbstoff

E 161 b Lutein
Farbstoff

E 161 g Canthaxanthin
Farbstoff

E 162 Beetenrot
Farbstoff

E 170 Calciumcarbonate
Farbstoff, Trennmittel, Säureregulator

E 171 Titandioxid
Farbstoff

E 172 Eisenoxide und -hydroxide
Farbstoff

E 173 Aluminium
Farbstoff

E 174 Silber
Farbstoff

E 175 Gold-*Farbstoff*

E 180 Litholrubin BK
Farbstoff

E 200 Sorbinsäure
Konservierungsstoff

E 202 Kaliumsorbat
Konservierungsstoff

E 203 Calciumsorbat
Konservierungsstoff

E 210 Benzoesäure
Konservierungsstoff

E 211 Natriumbenzoat
Konservierungsstoff

E 212 Kaliumbenzoat
Konservierungsstoff

E 213 Calciumbenzoat
Konservierungsstoff

E 214 Ethyl-p-hydroxbenzoat
Konservierungsstoff

E 215 Natriumethyl-p-hydroxybenzoat *Konservierungsstoff*

E 216 Propyl-p-hydroxybenzoat *Konservierungsstoff*

E 217 Natriumpropyl-p-hydroxybenzoat *Konservierungsstoff*

E 218 Methyl-p-hydroxybenzoat *Konservierungsstoff*

E 219 Natriummethyl-p-hydroxybenzoat *Konservierungsstoff*

E 220 Schwefeldioxid *Konservierungsstoff*

E 221 Natriumsulfit *Konservierungsstoff*

E 222 Natriumhydrogensulfit *Konservierungsstoff*

E 223 Natriummetabisulfit *Konservierungsstoff*

E 224 Kaliummetabisulfit *Konservierungsstoff*

E 226 Calciumsulfit *Konservierungsstoff*

E 227 Calciumbisulfit *Konservierungsstoff*

E 228 Kaliumbisulfit *Konservierungsstoff*

E 234 Nisin *Konservierungsstoff*

E 235 Natamycin *Konservierungsstoff*

E 239 Hexamethylentetramin *Konservierungsstoff*

E 242 Dimethyldicarbonat *Konservierungsstoff*

E 249 Kaliumnitrit *Konservierungsstoff*

E 250 Natriumnitrit *Konservierungsstoff, Antioxidationsmittel*

E 251 Natriumnitrat *Konservierungsstoff, Antioxidationsmittel*

E 252 Kaliumnitrat *Konservierungsstoff, Antioxidationsmittel*

E 260 Essigsäure *Säuerungsmittel, Säureregulator*

E 261 Kaliumacetat *Säuerungsmittel, Säureregulator*

E 262 Natriumacetate: Natriumacetat, Natriumdiacetat *Säuerungsmittel, Säureregulator*

E 263 Calciumacetat *Säuerungsmittel, Säureregulator*

E 270 Milchsäure *Säuerungsmittel*

E 280 Propionsäure *Konservierungsstoff*

E 281 Natriumpropionat *Konservierungsstoff*

E 282 Calciumpropionat *Konservierungsstoff*

E 283 Kaliumpropionat *Konservierungsstoff*

E 284 Borsäure *Konservierungsstoff*

E 285 Natriumtetraborat (Borax) *Konservierungsstoff*

E 290 Kohlendioxid *Treibgas*

E 296 Apfelsäure *Säuerungsmittel*

E 297 Fumarsäure *Säuerungsmittel*

E 300 Ascorbinsäure *Antioxidationsmittel, Mehlbehandlungsmittel*

E 301 Natriumascorbat *Antioxidationsmittel, Mehlbehandlungsmittel*

E 302 Calciumascorbat *Antioxidationsmittel, Mehlbehandlungsmittel*

E 304 Fettsäureester der Ascorbinsäure: *Ascorbylpalmitat, Ascorbylstearat* *Antioxidationsmittel*

E 306 Stark tocopherolhaltige Extrakte *Antioxidationsmittel*

E 307 Alpha-Tocopherol *Antioxidationsmittel*

E 308 Gamma-Tocopherol *Antioxidationsmittel*

E 309 Delta-Tocopherol *Antioxidationsmittel*

E 310 Propylgallat *Antioxidationsmittel*

E 311 Octylgallat *Antioxidationsmittel*

E 312 Dodecylgallat *Antioxidationsmittel*

E 315 Isoascorbinsäure *Antioxidationsmittel*

E 316 Natriumisoascorbat *Antioxidationsmittel*

E 320 Butylhydroxianisol (BHA) *Antioxidationsmittel*

E 321 Butylhydroxytoluol (BHT) *Antioxidationsmittel*

E 322 Lecithine *Emulgator*

E 325 Natriumlactat *Säureregulator*

E 326 Kaliumlactat *Säureregulator*

E 327 Calciumlactat *Säureregulator*

E 330 Citronensäure
Säuerungsmittel, Säureregulator

E 331 Natriumcitrate: Monoatriumcitrat, Dinatriumcitrat, Trinatriumcitrat
Säuerungsmittel, Säureregulator

E 332 Kaliumcitrate: Monokaliumcitrat, Trikaliumcitrat
Säuerungsmittel, Säureregulator

E 333 Calciumcitrate: Monocalciumcitrat, Dicalciumcitrat, Tricalciumcitrat
Säuerungsmittel, Säureregulator

E 334 L(+)-Weinsäure
Säuerungsmittel, Säureregulator

E 335 Natriumtartrate: Mononatriumtartrat, Dinatriumtartrat
Säuerungsmittel, Säureregulator

E 336 Kaliumtartrate: Monokaliumtartrat, Dikaliumtartrat
Säuerungsmittel, Säureregulator

E 337 Kaliumnatriumtartrat
Säuerungsmittel, Säureregulator

E 338 Phosphorsäure
Säuerungsmittel, Schmelzsalz

E 339 Natriumphosphate: Mononatriumphosphat, Dinatriumphosphat, Trinatriumphosphat
Säuerungsmittel, Schmelzsalz

E 340 Kaliumphosphate: Monokaliumphosphat, Dikaliumphosphat, Trikaliumphosphat
Säuerungsmittel, Schmelzsalz

E 341 Calciumphosphate: Monocalciumphosphat, Dicalciumphosphat, Tricalciumphosphat
Säuerungsmittel, Schmelzsalz

E 343 Magnesiumphosphate: Monomagnesiumphosphat, Dimagnesiumphosphat
Säureregulator

E 350 Natriummalate: Natriummalat, Natriumhydrogenmalat
Säureregulator

E 351 Kaliummalat
Säureregulator

E 352 Calciummalate: Calciummalat, Calciumhydrogenmalat
Säureregulator

E 353 Metaweinsäure
Stabilisator

E 354 Calciumtartrat
Säureregulator, Festigungsmittel

E 355 Adipinsäure
Säuerungsmittel, Säureregulator

E 356 Natriumadipat
Säuerungsmittel, Säureregulator

E 357 Kaliumadipat
Säuerungsmittel, Säureregulator

E 363 Bernsteinsäure
Säuerungsmittel

E 380 Triammoniumcitrat
Säureregulator

E 385 Calciumdinatriumethylendiamintetraacetat
Antioxidationsmittel, Stabilisator

E 400 Alginsäure
Verdickungsmittel

E 401 Natriumalginat
Verdickungsmittel

E 402 Kaliumalginat
Verdickungsmittel

E 403 Ammoniumalginat
Verdickungsmittel

E 404 Calciumalginat
Verdickungsmittel

E 405 Propylenglycolalginat
Verdickungsmittel

E 406 Agar-Agar
Geliermittel

E 407 Carrageen
Geliermittel

E 407 a Verarbeitete Eucheuma-Algen
Geliermittel

E 410 Johannisbrotkernmehl
Verdickungsmittel

E 412 Guarkernmehl
Verdickungsmittel

E 413 Traganth
Geliermittel

E 414 Gummi arabicum
Verdickungsmittel

E 415 Xanthan
Verdickungsmittel

E 416 Karayagummi
Geliermittel, Verdickungsmittel

E 417 Tarakernmehl
Geliermittel, Verdickungsmittel

E418 Gellan
Geliermittel, Verdickungsmittel

E 420 Sorbit
Süßungsmittel, Feuchthaltemittel

E 421 Mannit
Süßungsmittel

E 422 Glycerin E
Feuchthaltemittel

E 425 Konjak
Geliermittel

E 425 Konjak: Konjakgummi, Konjak-Glukomannan
Verdickungsmittel

E 431 Polyoxyethylen-(40)-stearat
Emulgator

E 432 Polyoxyethylensorbitanmonolaurat (Polysorbat 20)
Emulgator

E 433 Polyoxyethylensorbitanmonooleat (Polysorbat 80)
Emulgator

E 434 Polyoxyethylensorbitanmonopalmitat (Polysorbat 40)
Emulgator

E 435 Polyoxyethylensorbitanmonostearat (Polysorbat 60)
Emulgator

E 436 Polyoxyethylensorbitantristearat (Polysorbat 65)
Emulgator

E 440 Pektine: Pektin, Amidiertes Pektin
Geliermittel

E 442 Ammoniumsalze von Phosphatidsäuren
Emulgator

E 444 Sucroseacetatisobutyrat
Stabilisator

E 445 Glycerinester aus Wurzelharz
Stabilisator

E 450 Diphosphate: Dinatriumdiphosphat, Trinatriumdiphosphat, Tetranatriumdiphosphat, Tetrakaliumdiphosphat, Dicalciumdiphosphat, Calciumdihydrogendiphosphat
Antioxidationsmittel, Backtriebmittel, Schmelzsalz

E 451 Triphosphate: Pentanatriumtriphosphat, Pentakaliumtriphosphat
Antioxidationsmittel, Backtriebmittel, Schmelzsalz

E 452 Polyphosphate: Natriumpolyphosphat, Kaliumpolyphosphat, Natriumcalciumpolyphosphat Calciumpolyphosphat
Antioxidationsmittel, Backtriebmittel, Schmelzsalz

E 459 Beta-Cyclodextrin
Füllstoff

E 460 Cellulose: Mikrokristalline Cellulose, Cellulosepulver
Füllstoff, Verdickungsmittel

E 461 Methylcellulose
Füllstoff, Verdickungsmittel

E 463 Hydroxypropylcellulose
Füllstoff, Verdickungsmittel

E 464 Hydroxypropylmethylcellulose
Füllstoff, Verdickungsmittel

E 465 Ethylmethylcellulos
Füllstoff, Verdickungsmittel

E 466 Carboxymethylcellulose, Natriumcarboxymethylcellulose
Füllstoff, Verdickungsmittel

E 468 Vernetzte Natriumcarboxymethylcellulose
Füllstoff, Verdickungsmittel

E 469 Enzymatisch hydrolysierte Carboxymethylcellulose
Füllstoff, Verdickungsmittel

E 470 a Natrium-, Kalium- und Calciumsalze von Speisefettsäuren
Emulgator, Trennmittel

E 470 b Magnesiumsalze von Speisefettsäuren
Emulgator, Trennmittel

E 471 Mono- und Diglyceride von Speisefettsäuren
Emulgator, Schaumverhüter

E 472 a Essigsäureester von Mono- und Diglyceriden von Speisefettsäuren
Emulgator

E 472 b Milchsäureester von Mono- und Diglyceriden von Speisefettsäuren
Emulgator

E 472 c Citronensäureester von Mono- und Diglyceriden von Speisefettsäuren
Emulgator

E 472 d Weinsäureester von Mono- und Diglyceriden von Speisefettsäuren
Emulgator

E 472 e Mono- und Diacetylweinsäureester von Mono- und Diglyceriden von Speisefettsäuren
Emulgator

E 472 f Gemischte Wein- und Essigsäureester von Mono- und Diglyceriden von Speisefettsäuren
Emulgator

E 473 Zuckerester von Fettsäuren
Emulgator

E 474 Zuckerglyceride
Emulgator

E 475 Polyglycerinester von Speisefettsäuren
Emulgator

E 476 Polyglycerin-Polyricinoleat
Emulgator

E 477 Propylenglycolester von Speisefettsäuren
Emulgator

E 479 b Thermooxidiertes Sojaöl mit Mono- und Diglyceriden von Speisefettsäuren
Emulgator, Trennmittel

E 481 Natriumstearoyl-2-lactylat
Emulgator

E 482 Calciumstearoyl-2-lactylat
Emulgator

E 483 Stearyltartrat
Emulgator

E 491 Sorbitanmonostearat
Emulgator

E 492 Sorbitantristearat
Emulgator

E 493 Sorbitanmonolaurat
Emulgator

E 494 Sorbitanmonooleat
Emulgator

E 495 Sorbitanmonopalmitat
Emulgator

E 500 Natriumcarbonate: Natriumcarbonat, Natriumhydrogenarbonat, Natriumsesquicarbonat
Säureregulator, Backtriebmittel

E 501 Kaliumcarbonate: Kaliumcarbonat, Kaliumhydrogencarbonat
Säureregulator, Backtriebmittel

E 503 Ammoniumcarbonate, Ammoniumcarbonat, Ammoniumhydrogencarbonat
Säureregulator, Backtriebmittel

E 504 Magnesiumcarbonate: Magnesiumcarbonat, Magnesiumhydroxidcarbonat Magnesiumhydrogencarbonat
Säureregulator, Backtriebmittel

E 507 Salzsäure
Säuerungsmittel, Geschmacksverstärker

E 508 Kaliumchlorid
Säuerungsmittel, Geschmacksverstärker

E 509 Calciumchlorid
Säuerungsmittel, Geschmacksverstärker

E 511 Magnesiumchlorid
Säuerungsmittel, Geschmacksverstärker

E 512 Zinn-II-chlorid
Antioxidationsmittel, Stabilisator

E 513 Schwefelsäure
Säuerungsmittel, Säureregulator, Festigungsmittel

E 514 Natriumsulfate: Natriumsulfat, Natriumhydrogensulfat
Säuerungsmittel, Säureregulator, Festigungsmittel

E 515 Kaliumsulfate: Kaliumsulfat, Kaliumhydrogensulfat
Säuerungsmittel, Säureregulator, Festigungsmittel

E 516 Calciumsulfat
Säuerungsmittel, Säureregulator, Festigungsmittel

E 517 Ammoniumsulfat
Säuerungsmittel, Säureregulator, Festigungsmittel

E 520 Aluminiumsulfat
Säuerungsmittel, Säureregulator, Festigungsmittel

E 521 Aluminiumnatriumsulfat
Säuerungsmittel, Säureregulator, Festigungsmittel

E 522 Aluminiumkaliumsulfat
Säuerungsmittel, Säureregulator, Festigungsmittel

E 523 Aluminiumammoniumsulfat
Säuerungsmittel, Säureregulator, Festigungsmittel

E 524 Natriumhydroxid
Säureregulator

E 525 Kaliumhydroxid
Säureregulator

E 526 Calciumhydroxid
Säureregulator

E 527 Ammoniumhydroxid
Säureregulator

E 528 Magnesiumhydroxid
Säureregulator

E 529 Calciumoxid
Säureregulator

E 530 Magnesiumoxid
Säureregulator

E 535 Natriumferrocyanid
Stabilisator, Trennmittel

E 536 Kaliumferrocyanid
Stabilisator, Trennmittel

E 538 Calciumferrocyanid
Stabilisator, Trennmittel

E 541 Saures Natriumaluminiumphosphat
Backtriebmittel

E 551 Siliciumdioxid
Trennmittel

E 552 Calciumsilicat
Trennmittel

E 553a Magnesiumsilicat: Magnesiumtrisilicat
Trennmittel

E 553b Talkum
Trennmittel

E 554 Natriumaluminiumsilicat
Trennmittel

E 555 Kaliumaluminiumsilicat
Trennmittel

E 556 Calciumaluminiumsilicat
Trennmittel

E 558 Bentonit
Trennmittel

E 559 Aluminiumsilicat (Kaolin)
Trennmittel

E 570 Fettsäuren
Emulgator

E 574 Gluconsäure
Säureregulator

E 575 Glucono-delta-lacton
Säureregulator

E 576 Natriumgluconat
Säureregulator, Stabilisator

E 577 Kaliumgluconat
Säureregulator, Stabilisator

E 578 Calciumgluconat
Säureregulator, Stabilisator

E 579 Eisen-II-gluconat
Säureregulator, Stabilisator

E 585 Eisen-II-lactat
Stabilisator

E 620 Glutaminsäure
Geschmacksverstärker

E 621 Mononatriumglutamat
Geschmacksverstärker

E 622 Monokaliumglutamat
Geschmacksverstärker

E 623 Calciumdiglutamat
Geschmacksverstärker

E 624 Monoammoniumglutamat
Geschmacksverstärker

E 625 Magnesiumdiglutamat
Geschmacksverstärker

E 626 Guanylsäure
Geschmacksverstärker

E 627 Dinatriumguanylat
Geschmacksverstärker

E 628 Dikaliumguanylat
Geschmacksverstärker

E 629 Calciumguanylat
Geschmacksverstärker

E 630 Inosinsäure
Geschmacksverstärker

E 631 Dinatriuminosinat
Geschmacksverstärker

E 632 Dikaliuminosinat
Geschmacksverstärker

E 633 Calciuminosinat
Geschmacksverstärker

E 634 Calcium-5-ribonucleotid
Geschmacksverstärker

E 635 Dinatrium-5-ribonucleotid
Geschmacksverstärker

E 640 Glycin und dessen Natriumsalz
Geschmacksverstärker

E 650 Zinkacetat
Stabilisator

E 900 Dimethylpolysiloxan
Schaumverhüter

E 901 Bienenwachs weiß und gelb
Überzugsmittel, Trennmittel

E 902 Candelillawachs
Überzugsmittel, Trennmittel

E 903 Carnaubawachs
Überzugsmittel, Trennmittel

E 904 Schellack
Überzugsmittel, Trennmittel

E 905 Mikrokristallines Wachs
Überzugsmittel, Trennmittel

E 907 Hydriertes Poly-1-decen
Überzugsmittel

E 912 Montansäureester
Überzugsmittel, Trennmittel

E 914 Polyethylenwachsoxidate
Überzugsmittel, Trennmittel

E 920 L-Cystein
Mehlbehandlungsmittel

E 927 b Carbamid
Stabilisator

E 938 Argon
Treibgas

E 939 Helium
Treibgas

E 941 Stickstoff
Treibgas

E 942 Distickstoffmonoxid
Treibgas

E 943a Butan
Treibgas

E 943b Isobutan
Treibgas

E 944 Propan
Treibgas

E 948 Sauerstoff
Treibgas

E 949 Wasserstoff
Treibgas

E 950 Acesulfam-K
Süßungsmittel, Geschmacksverstärker

E 951 Aspartam
Süßungsmittel, Geschmacksverstärker

E 952 Cyclohexansulfamidsäure und ihre Na- und Ca-Salze: Cyclohexansulfamidsäure, Natriumcyclamat, Calciumcyclamat
Süßungsmittel

E 953 Isomalt
Süßungsmittel

E 954 Saccharin und seine Na-, K- und Ca-Salze: Saccharin, Saccharin-Natrium, Saccharin-Calcium, Saccharin-Kalium
Süßungsmittel

E 955 Sucralose
Süßungsmittel

E 957 Thaumatin
Süßungsmittel, Geschmacksverstärker

E 959 Neohesperidin DC
Süßungsmittel

E 962 Aspartam-Acesulfamsalz
Süßungsmittel

E 965 Maltit: Maltit, Maltitsirup
Süßungsmittel

E 966 Lactit
Süßungsmittel

E 967 Xylit
Süßungsmittel

E 999 Quillajaextrakt
Stabilisator

E 1103 Invertase
Feuchthaltemittel

E 1105 Lysozym
Konservierungsmittel

E 1200 Polydextrose
Füllstoff

E 1201 Polyvinylpyrrolidon
Stabilisator

E 1202 Polyvinylpolypyrrolidon
Stabilisator

E 1404 Oxidierte Stärken
Modifizierte Stärke, Verdickungsmittel

E 1410 Monostärkephosphat
Modifizierte Stärke, Verdickungsmittel

E 1412 Distärkephosphat
Modifizierte Stärke, Verdickungsmittel

E 1413 Phosphatiertes Distärkephosphat
Modifizierte Stärke, Verdickungsmittel

E 1414 Acetyliertes Distärkephosphat
Modifizierte Stärke, Verdickungsmittel

E 1420 Acetylierte Stärke
Modifizierte Stärke, Verdickungsmittel

E 1422 Acetyliertes Distärkeadipat
Modifizierte Stärke, Verdickungsmittel

E 1440 Hydroxypropylstärke
Modifizierte Stärke, Verdickungsmittel

E 1442 Hydroxypropyldistärkephosphat
Modifizierte Stärke, Verdickungsmittel

E 1450 Stärkenatriumoctenylsuccinat
Modifizierte Stärke, Verdickungsmittel

E 1451 Acetylierte oxidierte Stärke
Modifizierte Stärke, Verdickungsmittel

E 1505 Triethylcitrat
Trägerlösungsmittel

E 1517 Glycerindiacetat
Trägerlösungsmittel

E 1518 Glycerintriacetat
Trägerlösungsmittel

E 1519 Benzylalkohol
Trägerlösungsmittel

E 1520 1,2-Propandiol (Propylenglycol)
Trägerlösungsmittel

Cochenille

ist ein roter, wasserlöslicher Farbstoff. Er wird aus drei Schildlausarten gewonnen: der *Kermes-Schildlaus*, der polnischen *Cochenillelaus* und der amerikanischen *Cochenillelaus*. Für den Gewinn von Cochenille werden die Läuse zunächst gesammelt, ein Kilo entspricht gut 140 000 Tieren. Die Läuse werden in Wasserdampf getötet oder an der Sonne getrocknet, aus dem Kilo werden dabei 300 g. Anschließend werden die Läuse zermahlen. Traditionell werden mit Cochenille Textilien gefärbt. Unter dem Namen E 120 ist die Substanz selbstverständlich auch als Lebensmittelzusatzstoff zugelassen.

Inicon

war ein von der europäischen Union mit 500 000 Euro gefördertes Forschungsprojekt zur »Einführung innovativer Technologie in die moderne Gastronomie zwecks Modernisierung der Küche«. Partner wie Alpha-Tec (Deutschland), Cosmos Aromática (Spanien, Eigenwerbung: »Bei Cosmos designen wir Aromen und stellen sie her«) und Iberagar (Portugal) unterstützten das Projekt, einige steuerten nochmals 600 000 Euro zum Forschungstopf bei.

Im Rahmen des Inicon-Projektes arbeiteten die Forscher vom ttz (Technologie Transfer Zentrum) in Bremerhaven vom 1.1.2003 bis zum 31.12.2005. Inicon beschreibt u. a. die wissenschaftlichen Grundlagen für die später Spherification genannte Küchentechnik, bei der Nahrungsmittel dank Alginat und Kalzium zu halbfesten Bällchen werden und erklärt, wie auf Basis von Fonds (u. a. der Geschmacksrichtungen Paella, Wild oder Schinken) des Unternehmens Cosmos Aromática Zuckerwatte oder Gelees entstehen, oder dass Cosmofried flavours der Geschmacksrichtungen Pizza, Anchovis, Barbecue oder Räucherlachs bei Niedrigtemperaturgarung um die 50 °C eingesetzt werden können. Andere Forschungsergebnisse betreffen das Wechselspiel von Aromen: Sellerie etwa verfügt über ein breites Aromenspektrum und kann Käsesaucen geschmacklich verstärken. Auch Kirsch- und Nussaromen tun dem Käse gut, während Apfel und Ananas Mayonnaisen frischer scheinen lassen.

Offizielle Partner des Projektes waren auch die Restaurants *Grashoff* in Bremen, *Le Crocodile* in Straßburg (der ursprüngliche Partner *La Table d'Anvers* in Paris wechselte den Besitzer) sowie *The Fat Duck* in Bray-on-Thames und *El Bulli* in Rosas. Besonders die beiden letzteren Lokale praktizieren eine Küche, die Inicon-Forschungsergebnisse logisch in die Speisekarte einbinden kann.

Angesichts der Teilfinanzierung durch Steuergelder fragt sich ein Teil der Köche-Gemeinde, wo denn der Forschungstopf zur »Erhaltung der Tradition« oder zur »Wahrung konstanter Qualität guter traditioneller Zutaten« bleibt. Viele Herdmeister erheben die sinnvoll erscheinende Forderung, dass Köche, die zu Lebensmittelzusatzstoffen greifen oder deren neue Garmethoden womöglich Spuren aktiver Substanzen am fertigen Gericht hinterlassen, einer Kennzeichnungspflicht unterworfen werden sollten. Genau wie jeder Lebensmittelhersteller schon lange alle Inhaltsstoffe kenntlich machen muss, soll eine Zeile unter jedem Gericht dann Farb- und Aromastoffe auflisten. Damit wir Gäste wissen, was wir essen.

Surimi

Verlassen Sie ruhig das Lokal, falls Ihnen ein Fischgericht mit Surimi angeboten wird. Mit Langusten-, Hummer- oder Krabbenaroma, getarnt als Jakobsmuscheln und Krebsscheren, schleicht sich diese Fischpampe zügig auf die Teller der Grande Nation. Händler bewerben ihr Surimi gern als »Fischprodukt, das in Japan auf eine jahrhundertealte Tradition zurückgeht« – das klingt nach Zen-Buddhismus und frischem Sushi. Tatsächlich ist Surimi ein Fischmus aus Krill oder Alaska-Pollack, teilweise auch minderwertigen Fischen, die zum Verkauf zu hässlich oder zu grätenreich wären. Zerlegt, zerpresst, zermahlen, entaromatisiert, gezuckert, gesalzen und mit Polyphosphat und Sorbit angereichert, anschließend oft orange gefärbt und mit künstlichem Aroma versehen.

Glücklicherweise kann man Surimi im Geschäft leicht aus dem Weg gehen – betrügerische Wirte verwenden es trotzdem in Gerichten mit klangvollen Namen wie Hummer-, Krabben- oder Meeresfrüchtesalat.

Innovationen für Köche

Wie hat der Herr am Herd das nur wieder geschafft? Diese Farben! Diese Formen! Dieser Geschmack! Fällt ein Gericht weit spektakulärer als Natur pur aus, sind nicht selten einige dieser Substanzen im Spiel.

Algin – Texturas Ferran Adrià, E 400

Algin wird aus braunen Algen hergestellt. Dient zur Sferification (der Herstellung kugelförmiger Speisen), geliert in Verbindung mit Calcic. Muss nicht erhitzt werden.

Calazoon (Calciumlactat) von Biozoon E 327

Calciumlactat (E 327) ist ein Hilfsstoff für Texturgeber wie Alginat, Gellan und Iota. Solche Gele sind hitzestabil und gelieren schnell. Für einige Rezepte, etwa Gelkapseln, muss die Calcium- bzw. Kaliumkonzentration recht hoch sein. Hier kann Calazoon verwendet werden.

Calcic (Calciumchlorid) – Texturas Ferran Adrià, E 509

Wird in der Lebensmittelindustrie eingesetzt, z. B. zur Käseherstellung. Calcic reagiert mit Algin (s. o.) und macht aus Essen kleine Kügelchen.

Celluzoon (Cellulose) von Biozoon E 460–466

Cellulosederivat aus Pflanzenfasern. Nur in heißen Flüssigkeiten löslich. Bildet Filme und Gels.

Citras (Natriumcitrat) – Texturas Ferran Adrià, E 331

Natriumcitrat wird in der Lebensmittelindustrie genutzt, um zu verhindern, dass sich geschnittenes Obst verfärbt. Es setzt den Säuregehalt von Zutaten herab. Hilfsmittel, um stark säurehaltigen Ingredienzien zu den unter Sferification erwähnten Kügelchen mutieren zu lassen.

Crumiel – Texturas Ferran Adrià

Granulat aus kristallisiertem Honig. Verleiht Honiggeschmack und knusprige Textur.

Epices de Parfum & Extraits de Cuisine

Angeboten von der Firma Chabaud C&S in Montpellier werden diese Nahrungsmittelparfums als Spray. Stark konzentrierte Aromen von Pfirsich, Schokolade, Oregano, Safran. Verstärken den olfaktorischen Eindruck, wirken sich aber nicht auf den Geschmack aus. Ein verlockend riechender Schokokuchen kann sich durchaus müde in der Mundhöhle räkeln. Solche Nahrungsmittelparfums gelten als Wachstumsmarkt und werden inzwischen von verschiedenen Branchengrößen angeboten.

Gellan – Texturas Ferran Adrià, E 418

1977 entdecktes Geliermittel, gewonnen durch aerobe Fermentation des Sphingomonas elodea-Bakteriums. Erzeugt stabile Gels, hitzebeständig bis 70 °C.

Glice (Polyglycerinester) – Texturas Ferran Adrià, E 475

Kann als Emulgator ein wässriges Medium in ein öliges Medium integrieren. Nicht wasserlöslich. Bei 60 °C in Öl löslich. Diese Mischung aus Öl und Glice wird langsam in Wasser eingebracht, damit es zur Emulgierung kommt.

Iota (Carrageen) – Texturas Ferran Adrià, E 407

Geliermittel, das auf Basis einer Algenart gewonnen wird. Geliert bei 80 °C, löst sich in kaltem Zustand.

Kappa (Carrageen) – Texturas Ferran Adrià, E 407

Umzieht Zutaten mit Gel, wenn es in kaltem Zustand erhitzt und dann gemischt wird. Hitzestabil bis 60 °C.

Metil (Methylcellulose) – Texturas Ferran Adrià, E 461

Geliermittel aus Cellulose. Geliert warme Zutaten. Wenn die Zutaten auskühlen, verliert Metil die Gelierfähigkeit und verflüssigt sich.

Sucro (Zuckerester) – Texturas Ferran Adrià, E 473

Emulgator, entsteht durch Verbindung von Saccharose und Fettsäuren (Zuckerester). Bindet Öl mit wässrigen Lösungen. Nicht löslich in Fett.

Transglutaminase

Ein Enzym, das die physikalischen Eigenschaften vieler in Lebensmitteln enthaltener Eiweiße verändert. Kann Fleisch- oder Fischreste binden, wird gerühmt für verbessertes Schnittverhalten und geringere Schnittverluste.

Viele dieser Wundermittel unterliegen gesetzlicher Kennzeichnungspflicht. Niemand könnte z. B. ein Glas Marmelade auf dem örtlichen Wochenmarkt anbieten, ohne diese Kennzeichnungspflicht einzuhalten. Einige Spitzenköche möchten, dass ihre Kollegen im Rahmen der gesetzlichen Maßgaben auch ihre Menüs entsprechend kennzeichnen. Etwa mit dem Zusatz: Diese Speisenfolge enthält E 327, E 408 und E 461 sowie Transglutaminase und Monosodiumglutamat.

Meinungen zum Thema Geschmacksverstärker

Herzrasen, Schwindel, Durchfall – längst haben die Symptome des *China restaurant syndrome*, das erstmals von Dr. Robert Ho Man Kwok im New England Journal of Medicine beschrieben wurde, die Pforten der Asia-Lokale überschritten. Auch in vermeintlichen Spitzen-Adressen der Haute Cuisine greifen die Herren der Herde zum weißen Pulver, wenn es darum geht, eine Suppe oder eine Steinpilzpastete aufzupeppen oder auch nur einem Fond mehr Geschmack zu verleihen. Der Grund ist einfach: Monosodiumglutamat, Kosename MSG ist weit billiger als all die frischen Zutaten, die ein guter Koch für die gleiche Geschmacksfülle brauchen würde. Wohl deshalb stieg der weltweite Absatz von 262 000 Tonnen im Jahr 1976 auf 1,5 Millionen Tonnen im Jahr 2003. Offiziell ist das überaus beliebte Monosodiumglutamat so unbedenklich wie Salz und Pfeffer. Keine Behörde warnt davor, unzählbare Studien belegen die absolute Unbedenklichkeit des Geschmacksverstärkers. Natürlich ist Glutamat als Salz der Glutaminsäure (eine der 20 Aminosäuren) ein körpereigener Stoff, natürlich findet es sich in jeder Tomate, in Huhn, Parmesan und Roquefort.

»Glutamat ist ein Nervenzellgift«, warnt der Heidelberger Prof. Konrad Beyreuther trotzdem. Ein Toxin, das auch bei der Entstehung von Parkinson oder Alzheimer eine Rolle spielen könnte. US-Experten wie Dr. Russell L. Blaylock, Dr. Georges R. Schwartz und Dr. John Olney kommen zu derselben Erkenntnis, berichten von spontanen Asthmaanfällen und erklären, dass vermehrte Glutamatzufuhr zu verfetteten, teilweise grotesk deformierten Versuchstieren in ihren Labors führte.

Blaylock wurde durch sein Buch ›The taste that kills‹ bekannt und vertritt die These dass MSG besonders in Kombination mit dem Süßstoff Aspartam auf mittlere bis lange Sicht zu degenerativen Erkrankungen führt.

»Auch Arsen ist ein gänzlich natürliches Produkt«, kontert etwa Schwartz die MSG-Lobby. Und erklärt, dass einige Menschen auf Glutamat weit intensiver reagieren als auf Arsen. Laut Prof. Dr. Michael Hermanussen aus Kiel beeinflusst Glutamat die Appetitregulation in unserem Gehirn und leistet Gewichtszunahme Vorschub. Memantin, ein Wirkstoff, der Glutamat-Rezeptoren blockiert, bremst den durch Geschmacksverstärker erzeugten Heißhunger in seinen Versuchen. Doppelt brisant: Auf den Etiketten wird nur der Zusatzstoff, nicht seine Menge angegeben, zusätzlich verbergen viele Hersteller Glutamat gern unter Bezeichnungen wie Würze, Aroma, Hefe-Extrakt, Weizenprotein oder fermentierter Weizen. In den USA verzichten Hersteller von Babynahrung seit über 20 Jahren freiwillig auf Geschmacksverstärker.

Der Apfel der Erkenntnis

Die Brüsseler Regulierungswut ist ein Buch für sich. Weil Justitia nicht nur blind ist, sondern offenbar auch über keine feine Zunge verfügt, gibt es für Qualität in erster Linie ein Kriterium: die Größe, den Durchmesser, bei Bananen vielleicht noch den Krümmungsgrad und natürlich die ›Lebensmittelhygiene‹. Im 19. Jahrhundert zählte der Botaniker André Leroy 527 Apfelsorten. Davon sind noch ganze zwölf auf unseren Märkten erhältlich, unter denen das *Trio Golden, Gala, Granny* dominiert. Schließlich weiß der europäische Gesetzgeber, den echten Apfelgeschmack treffsicher auszumachen. Der Durchmesser bestimmt die Güte – sagt jedenfalls die ›EC Common position‹, ›Draft Codex standard for apples‹, ›Document CX/FFV 02/9‹: »Eine Minimalgröße nach Durchmesser ist für jede Güteklasse wie folgt vorgeschrieben: Extra 70 mm, I: 65 mm. Schäden der Haut dürfen nicht großflächiger sein als: 4 cm Länge, wenn der Schaden von länglicher Form ist, 2,5 cm^2 für andere Schäden, mit Ausnahme der Kruste (Venturia inaequalis) die nicht größer als 1 cm^2 insgesamt sein darf.« Kann man es den Obstbauern wirklich übel nehmen, wenn sie bei dieser Gesetzeslage zunächst auf die Größe ihrer Früchte achten?

Kalorien

Kalorien sind ein Brennwert: Eine Kilokalorie entspricht der Menge an Energie, die notwendig ist, um ein Kilogramm Wasser um ein Grad Celsius zu erwärmen. Der Begriff der Kalorie stammt direkt aus der Zeit der Dampfmaschine – für den Betrieb einer solchen war es natürlich interessant zu wissen, wie sich Holz oder Kohle in Erwärmung von Wasser und damit in Gewinnung von Energie umsetzen lassen. Der menschliche Körper jedoch verbrennt Nahrung nicht und weigert sich auch sonst nachhaltig, wie eine Dampfmaschine zu arbeiten. Trotz aller Tabellen in Frauen- und Fitnesszeitschriften hängt der menschliche Energieumsatz stark von der individuellen Konstitution ab. Als größter Energieverbraucher unseres Körpers gilt das Gehirn: Letzteres entspricht vom Gewicht her etwa 2 Prozent der Körpermasse, monopolisiert aber ca. 20 Prozent des körpereigenen Energieumsatzes.

Energiedichte

Auch wenn sich die Kilokalorien in der Presse durchgesetzt haben, sehen viele Experten in der Energiedichte der Nahrungsmittel einen besseren Anhaltspunkt für gesunde Ernährung. Energiedichte ist der Energiegehalt von Lebensmitteln bezogen auf ihr Gewicht (Kilojoule/Gramm). Das klingt abstrakt, hat aber sehr konkrete Auswirkungen: Lebensmittel mit geringer Energiedichte verfügen über einen größeren Sättigungseffekt bei geringerer Kalorienaufnahme.

Der ideale Durchschnittswert liegt bei 1,5 kcal/g. Ausflüge zu Sahnetorten und Pizzen sind durchaus gelegentlich erlaubt, cleverer Umgang mit der Energiedichte-Tabelle sorgt aber dafür, dass man sich schmackhafte Mahlzeiten selbst zusammenstellen kann. So ist es z. B. besser, beim Frühstück den Brotkonsum einzuschränken und stattdessen ruhig etwas mehr gekochten Schinken zu verspeisen. Kartoffeln haben eine geringere Energiedichte als Reis oder Pasta. Wer auf die Nudeln verzichtet, darf sich also etwas mehr Fleisch auftischen. Und nicht zuletzt: Die Energiedichte-Tabelle verheißt weniger hungern, schließlich bezieht sie sich ausdrücklich auf den Sättigungseffekt jedes Nahrungsmittels.

Auszug aus der Energiedichte-Tabelle des EKF-Zentrums der TU München

Nahrungsmittel	Energiedichte (kcal/g)
Roggenmischbrot	2,1
Vollkornbrötchen	2,2
Croissant	4,3
Sahnetorte	3,7
Keks	4,9
Lebkuchen	4,0
Kuhmilch, 1,5 % Fett	0,4
Kuhmilch, 3,5 % Fett	0,6
Joghurt mit Früchten, gezuckert, 1,5 % Fett	0,8
Joghurt mit Früchten, gezuckert, 3,5 % Fett	0,9
saure Sahne	1,2
Schlagsahne	3,1
Marmelade	2,7
Honig	3,3
Nussnougatcreme	5,2
Halbfettbutter/ Halbfettmargarine	3,7

Nahrungsmittel	Energiedichte (kcal/g)
Diätmargarine	8,0
Butter	8,0
Schinken, gekocht (mager)	1,3
Leberkäse	3,0
Salami	3,7
Bratwurst	3,1
Thunfisch (ohne Öl)	1,1
Bismarckhering	2,1
Emmentaler/Greyerzer, 45 % F.i.Tr.	4,0
Apfel, Grapefruit, Honigmelone, Kirschen (sauer), Kiwi, Mandarine, Nektarine, Pflaume	0,5
Gummibärchen	3,4
Müsliriegel	3,3–4,2
Vollmilchschokolade	5,4
Rindfleisch, mager	1,0

Nahrungsmittel	Energiedichte (kcal/g)
Kalbfleisch, mager	1,0
Schweineschnitzel	1,1
Schweineschnitzel, paniert (gegart)	3,2
Hähnchenbrustfilet	1,0
Forelle	1,0
panierter Fisch (gegart)	3,2
Kartoffeln	0,7
Reis, poliert, gekocht	1,1
Bratkartoffeln	1,3
Nudeln, gekocht	1,4
Pommes frites (Friteuse)	2,1
Hühnerei	1,5
Bohnen, Broccoli, Gartenkresse, Kürbis, Möhren, Porree, Wirsing, Zwiebel,	0,3
Fruchteis/Sorbet	0,8–1,2
Portionseis	1,0–3,9

Vielfraße

Die Leute kamen von weither, um Nicholas Wood beim Essen zu bestaunen. ›The great Eater of Kent‹ verschlang im frühen 17. Jahrhundert sieben Dutzend Kaninchen, um eine Wette zu gewinnen, füllte sich zum Frühstück mit einer Hammelkeule, 60 Eiern, drei Pasteten und Blutwurst. Der Poet John Taylor lockte ihn nach London, wo er eine ansehnliche Karriere als Vielfraß machte und z. B. vor Publikum ein Kalb und 20 Teller Schafsgedärm verzehrte.

Auch Honoré de Balzac hatte Hunger: Bei einem Abendessen im Restaurant Véry verspeiste er acht Dutzend Austern, 12 kleine Koteletts von Salzwiesenlämmern, eine Ente mit Rübchen, zwei gebratene Rebhühner, eine Seezunge aus der Normandie, ein Dutzend Birnen und ein paar weitere Früchte. Sein Tischgenosse, der Bibliothekar Wardet aß eine Suppe und einen Hühnerflügel.

James Buchanan Brady (1856-1917), genannt ›Diamond Jim‹, stand ihm kaum nach: Ein Tag des Multimillionärs begann mit Eiern, Pfannkuchen, Schweinekottelets, Maisbrot und -brei, Bratkartoffeln und Beefsteak, heruntergespült von drei bis vier Litern Orangensaft. Mittags gab es dann zwei Hummer, Krabben, Muscheln, Rind und Austern sowie einige Torten. Ganze Torten, nicht Tortenstücke. Gegen 16h 30 ließ er sich nochmal Meeresfrüchte reichen, bevor es zum Abendessen ging: zwei bis drei Dutzen Austern, sechs Krabben, mehrere Schalen Schildkrötensuppe, ein halbes Dutzend Hummer, zwei ganze Enten, ein Steak, Gemüse und ein Kilo Süßes. Als Diamond Jim eine kleine Schokofabrik in Boston besichtigte, wollte er für Freunde und Partner einige süße Geschenke erwerben. Der Besitzer lehnte ab, seine Vorräte seien nicht groß genug für Bradys Bedarf. ›Diamond Jim‹ zückte prompt sein Scheckbuch und übergab dem guten Mann 150 000 $ zum Bau einer größeren Schokofabrik. Angeblich musste sich der Sohn des Eigners seines Lieblingsrestaurants Charles Rector's unter falschem Namen im Pariser Café de Marguery einstellen lassen, um das Saucenrezept für Seezunge Marguery herauszufinden. ›Diamond Jim‹ verdrückte nach seiner Rückkehr gleich am ersten Tag neun Portionen.

Das 20. Jahrhundert kannte, ganz in der Tradition des Fressers aus Kent, wahre Kampfesser wie ›Eddie Bozo Miller‹, der täglich etwa 25 000 kcal verfutterte. In seinem Rekordjahr 1963, Miller war damals 34, vertilgte er während einer Mahlzeit 27 fast kiloschwere Hühnchen im Restaurant Trader's Vic in San Francisco.

Millers würdiger Nachfolger ist der Japaner Takeru Kobayashi, genannt ›The Tsunami‹. Der Flutwelle an Speichelfluss fielen 2006 über 53 Hot Dogs in zwölf Minuten zum Opfer. Und 97 Hamburger in acht Minuten. Beim Johnsonville ›World

Bratwurst Eating Championship‹ in Sheboygan, Wisconsin, vertilgte er 58 Bratwürste in zehn Minuten. An 3,8 Kilo Rinderhirn musste auch der Tsunami immerhin 15 Minuten schlucken.

Organisert sind Kobayashi und Kollegen übrigens in der IFOCE, der ›International Federation of competetive Eaters‹. Zu seinen Rivalen im Fresserverband zählt die auffallend schlanke Sonya Thomas. Die schafft zwar nur 37 Hot Dogs in zwölf Minuten, nimmt aber im Verhältnis zu ihren gerade mal 50 Kilo Gewicht größere Mengen Nahrungsmittel zu sich als Kobayashi.

Mords-Menüs

Der klassische Giftmord wird immer rarer. Profis der Gerichtsmedizin können heute so gut wie jede Substanz nachweisen. Allerdings werden die Täter immer professioneller, töten mit Herz-Kreislauf-Medikamenten, Acrylamid, Alkaloiden oder dem radioaktiven Polonium. Gifte wie Arsen, die Millionen Krimi-Leser gruseln ließen, geraten langsam in Vergessenheit:

Arsen

Ein Klassiker, seit 3 000 Jahren, quer durch das klassische Altertum für Giftmorde beliebt. Laut Voltaire Bestandteil des Gifts der Borgias, des Cantarella. Die Borgia sollen dafür Schweineinnereien mit Arsen bestreut haben, die Verwesungsflüssigkeiten des Gedärms vom Borstentier wurden später aufgefangen. Oder die Borgias ließen die Därme trocknen und zermahlten sie. Nachteil: Kann auch nach Jahrhunderten mit einer Haarprobe nachgewiesen werden.

E 605 forte

Insektizid der Bayer-Werke. Anfang der 1950er Jahre frei im Düngemittelhandel erhältlich. Wurde Opfern u. a. in Milch oder Joghurt verabreicht.

Gefleckter Schierling

Giftiges Doldengewächs, wurde zu Hinrichtungen eingesetzt. Der Schierlingsbecher kostete Sokrates das Leben.

Morphin

Hoch dosiert kann dieses Schmerzmittel das Leben kosten.

Ricin

erlangte Weltberühmtheit nicht durch orale Einnahme, sondern durch den bulgarischen Regenschirm, der 1978 eine Ricinkapsel in den Oberschenkel des Journalisten Georgi Markow schoss.

Schwarze Tollkirsche (Belladonna)

Ihre schwarzen Beeren enthalten das Gift Hyoscyamin, das zum Tod durch Atemlähmung führt. In die Augen geträufelt weitet das Gift die Pupillen und gibt ihnen glänzenden, dunklen Schein. Daher der Beiname Belladonna, schöne Frau.

Strychnin

Das Alkaloid, das in den Samen der Brechnuss vorkommt, ist höchst toxisch, führt zu Atemnot und Krämpfen. Allerdings verfügt es auch stark verdünnt noch über Eigengeschmack und ist für orale Vergiftungen deshalb eher weniger geeignet.

Thallium

Besonders tückisches Gift, dessen Symptome erst nach 13 Tagen auftreten. Nieren- und Leber fallen aus, Nervenstörungen treten auf. Schon Agatha Christie lässt in ›Das fahle Pferd‹ mit Thallium morden.

Veronal

Schlafmittel mit dem Wirkstoff Barbitat, das bei Überdosierung zum Tod führt. Wird seit Anfang der 70er Jahre nicht mehr verkauft.

Lieblingsgerichte des Marquis de Sade

Laut französischen Quellen war die Angetraute des Marquis de Sade angehalten, ihm regelmäßig Verpflegung in den Knast zu bringen. Darunter befanden sich exzellente Suppen, panierte Kalbskoteletts, frische Eier, köstliche halbe Geflügel, Vanillecreme, Kalbsnieren, Rebhuhnflügel, gezuckerte Omelettes und gekochte Äpfel. Der Marquis de Sade war eben alles andere als ein Masochist.

findet sich in der Kurzgeschichte ›Lammkeule‹ von Roald Dahl: »Die schwangere Protagonistin Mary Maloney erschlägt ihren untreuen Ehemann, einen Polizisten, darin mit einer tiefgefrorenen Lammkeule: Eine Lammkeule.

Nun gut, dann würde es Lamm zum Abendessen geben. Sie umfasste das dünne Knochenende mit beiden Händen und trug die Keule nach oben. Als sie durch das Wohnzimmer ging sah sie ihn mit dem Rücken zu ihr am Fenster stehen. Sie machte halt. »Um Gottes willen«, sagte er, ohne sich umzudrehen, »koch bloß kein Essen für mich. Ich gehe aus.«

In diesem Augenblick trat Mary Maloney einfach hinter ihn, schwang, ohne sich zu besinnen, die große gefrorene Lammkeule hoch in die Luft und ließ sie mit aller Kraft auf seinen Hinterkopf niedersausen. Ebenso gut hätte sie mit einer eisernen Keule zuschlagen können.

[Mary Maloney schiebt die Lammkeule in den Ofen, kauft beim Gemüsehändler zwei Tüten Idaho-Kartoffeln und ruft die Polizei. Sie erzählte kurz ihre Geschichte – wie sie zum Kaufmann gegangen war und Patrick bei der Rückkehr leblos auf dem Boden gefunden hatte. Während sie sprach, weinte und sprach, entdeckte Noonan etwas geronnenes Blut am Hinterkopf des Toten.]

Jack Noonan kennt sein Metier: »Es ist die alte Geschichte«, schloss er. »Wenn man die Waffe hat, hat man auch den Täter.«

Anschließend verzehren Noonan und seine drei Kollegen hungrig die von Mary Maloney angebotene Lammkeule: »Der Doktor sagt, sein Schädel ist völlig zertrümmert. Wie von einem Schmiedehammer.«

»Na, dann dürfte es nicht schwer sein, die Mordwaffe zu finden.«

»Ganz meine Meinung.«

»Wer's auch getan hat – er wird so ein Ding nicht länger als nötig mit sich herumschleppen.«

Einer von ihnen rülpste.

»Also ich glaube ja, dass es noch hier im Haus oder im Garten ist.«

»Wahrscheinlich genau vor unserer Nase, was, Jack?«

Einige Filme zum Thema Essen

Dinner for one
Mr Pommeroy? Admiral Winterbottom?

Tampopo
Die sieben Samurai sind hier nur zwei LKW-Fahrer auf der Suche nach dem besten Nudelsuppen-Rezept.

Soylent Green
Menschenfleisch und wie man es richtig zubereitet

Babettes Fest
wird Babettes Menü auch dänische Protestanten begeistern können?

Das große Fressen
Sex & Food, bis dass der Tod uns scheidet

Der Koch, der Dieb, seine Frau und ihr Liebhaber
Was fasziniert Filmemacher nur so an Kannibalismus?

Brust oder Keule
Kann Restaurantkritiker Louis de Funès die Machenschaften des Food-Industriellen Tricatel stoppen?

Supersize me
Ein Monat lang nur Fast-Food – kann das gut gehen? Ein mutiger Selbstversuch des Filmemachers.

Ratatouille
Ratte Remi und der ahnungslose Lehrling Linguiné retten das größte Restaurant der Grand Nation.

Unvollständige Liste von Originalzitaten zum Essen und Trinken aus klassischen James Bond Filmen:

Dr. No

DR. NO: »That's a Dom Perignon '55, it would be a pity to break it.«
JAMES BOND: »I prefer the '53 myself.«

Goldfinger

COLONEL SMITHERS: »Have a little more of this rather disappointing brandy.«
M: »What's the matter with it?«
JAMES BOND: »I'd say it was a 30-year-old fine, indifferently blended, sir. With an overdose of bon-bois.«
M: »Colonel Smithers is giving the lecture, 007.«

JAMES BOND: »My dear girl, there are some things that just aren't done, such as drinking Dom Perignon '53 above the temperature of 38 degrees Fahrenheit. That's just as bad as listening to the Beatles without earmuffs!«

From Russia with Love

JAMES BOND *(Im Orient Express)*: »Red wine with fish. That should have told me something.«
DONALD ›RED‹ GRANT: »You may know the right wines, but you're the one on your knees. How does it feel old man?«

You only live twice

TANAKA: »You like Japanese sake, Mr. Bond – or would you like a vodka martini?«
JAMES BOND: »Oh no, I like sake, especially when it's served at the correct temperature, 98.4F, like this is.«

Diamonds are forever

JAMES BOND: »Pity about your liver, sir. Unusually fine Solera. '51, I believe.
M: There is no year for sherry, 007.«
JAMES BOND: »I was referring to the original vintage on which the sherry is based, sir. 1851, unmistakable.«
SIR DONALD MUNGER: »Precisely.«

The spy who loved me

JAMES BOND: »Mmm, maybe I misjudged Stromberg. Any man who drinks Dom Perignon '52 can't be all bad.«

Moonraker

JAMES BOND: »Bollinger? If it's '69 you were expecting me.«

Autor Ian Fleming soll einmal gesagt haben, dass er und James Bond allein ihre Vorliebe für Spiegeleier gemeinsam haben. Flemings Spiegeleier wurden in recht viel Butter gebraten und mit Schnittlauch sowie frischen Kräutern gewürzt.

Martini mischen

Ein paar Zentiliter Gin, so wenig Wermut wie möglich, eine Olive und ein angenehm kühles Cocktailglas – mehr braucht man nicht für einen ordentlichen Martini. Der Cocktailklassiker par excellence. Ganze Bibliotheken nehmen sich des Phänomens an, erläutern Geschichte und eine Unzahl an Rezepten, geben Grundregeln à la je weniger Wermut, um so trockener der Martini, warnen vor dem Schütteln des Cocktails (macht den Drink trübe) oder diskutieren den optimalen Gin-Gehalt: Puristen des *Dry Martini* lassen den Wermut nur kurz vor dem Rühren über die Eiswürfel laufen, um ihn danach wegzuschütten, noch trockenere Gemüter folgen Winston Churchills Rezept, verzichteten auf Wermut und verbeugen sich vor dem Abseihen des Gins Richtung Frankreich.

Ein Tipp von Kochbuchautor Leon Isnard

20 g Natriumsulfat, 0,5 Liter Wasser, etwas Rizinöl sowie alle zwei Stunden einen Suppenlöffel der folgenden Mischung:

1,5 g Kaliumjodid, 40 Tropfen Jodtinktur, 150 cl destilliertes Wasser

aus dem Kapitel **Im Falle einer Pilzvergiftung** in ›La gastronomie africaine‹ von Leon Isnard, Paris 1930

(Autor und Verlag weisen hier ausdrücklich darauf hin, dass sie für die Folgen von Selbstversuchen mit Isnards Heiltrunken nicht haften)

Die angeblich letzten Worte des Meisterkochs Antonin Carême

gesprochen in Gegenwart eines seiner Schüler:

»Gestern waren die Seezungenklöße sehr gut, aber dein Fisch war nicht gut. Du würzt nicht. Du weißt doch, dass man die Pfanne schwenken muss.«

Das letzte Menü auf der Titanic

First Course
Hors D'Oeuvres, Oysters

Second Course
Consommé Olga, Cream of Barley

Third Course
Poached Salmon with Mousseline Sauce, Cucumbers

Fourth Course
Filet Mignons Lili, Saute of Chicken, Lyonnaise, Vegetable Marrow Farci

Fifth Course
Lamb, Mint Sauce, Roast Duckling, Apple Sauce, Sirloin of Beef, Chateau Potatoes, Green Pea, Creamed Carrots, Boiled Rice, Parmentier & Boiled New Potatoes

Sixth Course
Punch Romaine

Seventh Course
Roast Squab & Cress

Eighth Course
Cold Asparagus Vinaigrette

Ninth Course
Pate de Foie Gras, Celery

Tenth Course
Waldorf Pudding, Peaches in Chartreuse Jelly, Chocolate & Vanilla Eclairs, French Ice Cream

serviert im first-class dining saloon der R.M.S. Titanic am 14. April, 1912

Personenregister

Sach- und Ortsregister

Impressum

Texte
Jörg Zipprick

Abbildungen
mit freundlicher Genehmigung des Autors
Alle weiteren historischen Abbildungen sind dem Buch ›La Cuisine Classique‹ von Urbain Dubois und Emile, Dentu, Paris, 1890 entnommen.
Die Abbildung auf der Seite 139 ist aus dem Buch ›Notice on the oenological instruments of precision‹ von Dujardin, Paris, 1907 (4. Auflage).
Außerdem:
Abbildungen auf den Seiten 31 und 107 © Ullstein bild – Granger Collection
Abbildung Seite 131 © Ullstein bild – Archiv Gerstenberg

Herstellung
Janine Becker, Neustadt / Weinstraße

Gestaltung, Satz und Produktionen
Böning Design, Verena Böning, München

Druck und Verarbeitung
Tavasli Printing and Binding, Istanbul

Printed in Turkey
ISBN: 978-3-86528-296-5

Besuchen Sie uns im Internet
www.umschau-buchverlag.de